马克思恩格斯书信精要

主　　编　闫　玉
副 主 编　孔德生　王雪军
本册作者　王明智

中华工商联合出版社

图书在版编目（CIP）数据

马克思恩格斯书信精要 / 王明智编著. --北京：
中华工商联合出版社，2014.3
（马列主义知识学生读本系列）
ISBN 978-7-5158-0858-1

Ⅰ．①马… Ⅱ．①王… Ⅲ．①马恩著作－书信集
Ⅳ．①A13

中国版本图书馆 CIP 数据核字（2014）第 036009 号

马克思恩格斯书信精要

作　　者：王明智
出 品 人：徐　潜
策划编辑：魏鸿鸣
责任编辑：徐彩霞
封面设计：徐　超
责任审读：李　征
责任印制：迈致红
出版发行：中华工商联合出版社有限责任公司
印　　刷：固安县云鼎印刷有限公司
版　　次：2014 年 4 月第 1 版
印　　次：2021 年 10 月第 2 次印刷
开　　本：155mm×220mm　1/16
字　　数：114 千字
印　　张：11.25
书　　号：ISBN 978-7-5158-0858-1
定　　价：38.00 元

服务热线：010－58301130
销售热线：010－58302813
地址邮编：北京市西城区西环广场 A 座
19－20 层，100044
http://www.chgslcbs.cn
E-mail：cicap1202@sina.com（营销中心）
E-mail：gslzbs@sina.com（总编室）

工商联版图书
版权所有　侵权必究

凡本社图书出现印装质量
问题，请与印务部联系。
联系电话：010－58302915

目 录 *Contents*

一、恩格斯致马克思信件

《恩格斯致马克思》

全文约 2400 字。恩格斯 1844 年 10 月初写于他的故乡德国西部的巴门。在信中,恩格斯向马克思介绍了他自己及其家里的情况;还介绍了爱北斐特人由于受共产主义思想的影响,观念发生了转变。恩格斯在这封信中还提出,不能以个人和用暴力反对旧制度,要作为具有普遍品质的人通过共产主义来反对旧制度。同时告诉马克思,由于当局的反对,而使共产主义者之间的联系非常困难。这是迄今所知恩格斯写给马克思最早的一封信。

——《马克思恩格斯全集》第 27 卷第 5～9 页

《恩格斯致马克思》

　　全文约 3800 字。恩格斯 1844 年 11 月 19 日于巴门写给在巴黎的马克思。在这封信中，恩格斯告诉马克思，他认为卢格不是共产主义者。同时向马克思介绍了德国建立工人阶级生活改善协会的情况。恩格斯说由于这种改善协会的建立，使德国人活跃起来，并促使人们注意社会问题。在这封信中，恩格斯告诉马克思，他正在为《英国工人阶级状况》一文搜集材料，要给英国人编制一张绝妙的罪状表，向全世界控诉英国资产阶级所犯下的大量杀人、抢劫以及其他种种罪行。并说还想写英国社会发展史、写批判李斯特的小册子。恩格斯在这封信中还评论了施蒂纳的《唯一者及其所有物》一书。

　　　　　　——《马克思恩格斯全集》第 27 卷第 9～15 页

《恩格斯致马克思》

　　全文约 3500 字。恩格斯 1845 年 1 月 20 日于巴门写给在巴黎的马克思。在这封信中，恩格斯告诉马克思，他同意马克思对施蒂纳《唯一者及其所有物》一书的看法，指出赫斯针对施蒂纳的这本书写了《晚近的哲学家》，批判了施蒂纳的哲学观点。恩格斯与赫斯要在哈根办《社会明镜》月刊，在这个刊物上撰文阐述社会的苦难和资产阶级制度，并向马克思介绍，皮特曼将出版《莱茵年鉴》，只刊登宣传共产主义的作品，希望马克思为这个刊物写些文章。在这封信中，恩格斯还说，共产主义书刊传入德国，目前已成为事实，共产主义小组也逐渐出现，这使他非常高兴。希望马克思把《政治和政治经济学批判》一书尽快写完，因为人们的思想已经成熟，需要必要的理论指导，所以应该趁热打铁。恩格斯说他还想写些更能打击德国资产阶级的东西，希望马克思、巴枯宁等人为《前进报》写些稿子。他告诉马克思，他从一个柏林人那里得到消息，说青年黑格尔派小组已经彻底瓦解。恩格斯向马克思谈了他当时的生活，认为自己的生活是体面的庸人所过的，既浪费他的时间，又要做积极反对无产阶级的资产者，他决定在复活节以后离开巴门，摆脱他的彻头彻尾基督教的、普鲁士的家庭里的沉闷生活。

——《马克思恩格斯全集》第 27 卷第 16～22 页

《恩格斯致马克思》

全文约 3000 字。恩格斯 1845 年 2 月 22—26 日、3 月 7 日于巴门写给在布鲁塞尔的马克思。马克思由于参加《前进报》的编辑工作而被驱逐出法国，于 1845 年 2 月 3 日从巴黎迁往布鲁塞尔。恩格斯知道这件事后立即为马克思筹集资金，并把他自己《英国工人阶级状况》一书的稿酬都送给了马克思，帮助马克思建立新家。在这封信中，恩格斯告诉马克思，费尔巴哈开始研究共产主义，并说自己是共产主义者。恩格斯向马克思介绍了共产主义思想在爱北斐特的传播情况，说连最庸俗的人都开始欢迎共产主义了，使当地的警察局陷入困境。他还告诉马克思，他将去波恩等地旅行。2 月 26 日，恩格斯告诉马克思，当地政府开始干涉他们的行动。3 月 7 日的信里他告诉马克思，当地政府对他们的干涉并没有起作用，《社会明镜》第一个印张已通过检查。马克思在《神圣家族》一书写上了恩格斯的名字，这会使他与他父亲的矛盾进一步加深。他还告诉马克思他们打算出版一套《外国杰出的社会主义者文丛》，从傅立叶的著作开始，希望马克思把法国出版的傅立叶辞典寄给他一本。

——《马克思恩格斯全集》第 27 卷第 22~27 页

《恩格斯致马克思》

全文约 3300 字。恩格斯 1845 年 3 月 17 日于巴门写给在布鲁塞尔的马克思。在这封信中，恩格斯与马克思商量如何编排《外国杰出的社会主义者文丛》。恩格斯认为要从介绍傅立叶、欧文、圣西门等人的优秀著作开始，这些著作能够给德国人提供最多的材料和最接近他们的原则。对于葛德文的著作，恩格斯说它是反社会主义的，如果选他的著作，就要选边沁的著作作补充。在这封信中，恩格斯还谈了对《神圣家族》一书的看法，该书对犹太人的问题、唯物主义的历史和对欧仁·苏《巴黎的秘密》的论述很精辟，会产生极大的影响。但他认为，书的篇幅太长了，还有对思辨的空泛和抽象的普遍本质所做的批判，其中大部分将不为读者所理解，不会使所有的人都感兴趣。因为马克思与恩格斯都想批判李斯特，恩格斯跟马克思说他批判李斯特体系的实际结论，让马克思批判李斯特的理论前提。恩格斯在信中还向马克思介绍了他在家中的生活：老弗里德里希·恩格斯把共产主义和自由主义都看成是"革命的"，坚决反对他从事革命活动。他又宣布不拉生意，使他父亲更加气愤。

——《马克思恩格斯全集》第 27 卷第 27～32 页

《恩格斯致马克思》

全文约 2600 字。恩格斯 1846 年 8 月 19 日于巴黎写给在布鲁塞尔的马克思。在这封信中，恩格斯告诉马克思，他见到了艾韦贝克，希望跟艾韦贝克友好相处。并从艾韦贝克那里了解到格律恩曾做过很多卑鄙的事，目前正在给《特利尔日报》写一些恶心至极的文章。恩格斯说他去看了卡贝，但认为不宜让卡贝参加共产主义通讯委员会的活动，因为他既忙又是个多疑的人。恩格斯提及费尔巴哈的《宗教的本质》一书，认为开头较多地守着经验主义的阵地，往下则十分混乱。恩格斯在信中表达了对贝尔奈斯的关切，认为应该让在乡下的贝尔奈斯到巴黎来，改变他的生活环境，使他像从前那样生活。在信中，恩格斯对傅立叶主义者作了评价，认为傅立叶主义者越来越无聊，所发表的傅立叶的遗作都是些没有意义的东西。

——《马克思恩格斯全集》第 27 卷第 36～40 页

《恩格斯致马克思》

全文约 4500 字。恩格斯 1846 年 9 月 18 日于巴黎写给在布鲁塞尔的马克思。在这封信中，恩格斯告诉马克思说他很快就要摘录费尔巴哈的著作。对马克思的生活状况，恩格斯很关切，但他当时的经济条件也不能给马克思什么帮助。在信中他与马克思商量怎样出版《德意志意识形态》一文。认为蒲鲁东《经济矛盾的体系，或贫困的哲学》中为无产阶级设想的办法极其荒唐。恩格斯还介绍了云格、艾韦贝克、贝尔奈斯等人的情况，认为云格的头脑很清楚，艾韦贝克的头脑则一塌糊涂，贝尔奈斯虽然对党内分歧有了比较明白和清醒的看法，但不适合做党的活动家。

——《马克思恩格斯全集》第 27 卷第 53～60 页

《恩格斯致马克思》

全文约 1200 字。恩格斯 1846 年 9 月于巴黎写给在布鲁塞尔的马克思。这封信只保存下载在全集里的这个片段。恩格斯在信中提及，出版《德意志意识形态》一事失败之后，科伦社会主义运动参加者毕尔格尔斯·德斯特尔、赫斯等人在 1846 年 7—8 月，提出了创办出版社出版社会主义和共产主义文献的主张，计划以集股办法成立，打算吸收同情社会主义思想的德国资产阶级的某些代表人物入股。在这封信中，恩格斯批评了这个计划，认为这种做法对他们既无名誉也无利益。

——《马克思恩格斯全集》第 27 卷第 60～62 页

《恩格斯致马克思》

全文约 4000 字。恩格斯 1846 年 10 月 18 日于巴黎写给在布鲁塞尔的马克思。在这封信中，恩格斯批判了费尔巴哈《宗教的本质》一书，认为这本书是反对目的论的空谈，旧唯物主义的翻版，对于了解费尔巴哈的实证哲学观点，没有提供什么新东西。在信中，恩格斯建议将《德意志意识形态》一书分三册出版。恩格斯还告诉马克思，格律恩已经拒绝了共产主义，一些受艾韦贝克和格律恩"真正人性"思想影响的工人围攻恩格斯，他组织了赞成共产主义还是反对共产主义的讨论，经过几次论战，战胜了那些人。他告诉马克思他正在筹办《巴黎时钟》月刊。

——《马克思恩格斯全集》第 27 卷第 63～69 页

《恩格斯致马克思》

全文约 1000 字。恩格斯 1846 年 10 月 23 日于巴黎写给在布鲁塞尔的马克思。在这封信中，恩格斯说格律恩在注释蒲鲁东的《经济矛盾的体系，或贫困的哲学》一书时，完全摒弃了他自己从前的理论，完全拜倒在蒲鲁东的救世体系面前。而格律恩的思想大大地影响了施特劳宾人（德国流动的手工业帮工），格律恩以反对魏特林和其他的空谈共产主义为幌子，给这些人灌输了满脑子的意义含混的小资产阶级思想，使得他们不相信共产主义思想。恩格斯说他那里的情况非常混乱。

——《马克思恩格斯全集》第 27 卷第 75～77 页

《恩格斯致马克思》

全文约 3800 字。恩格斯 1846 年 12 月写于巴黎。在这封信中，恩格斯告诉马克思，因为 9 月 30 日到 10 月 2 日巴黎圣安东郊区的工潮，帮助他摆脱了施特劳宾人（德国流动的手工业帮工）。在与伦敦正义者同盟领导人沙佩尔·鲍威尔的关系上，恩格斯认为，不应该与他公开决裂，而应该用逐渐停止通信的办法。因为这些人没有理论，因此就不能与他们发生论战，也没有必要与他们公开决裂。恩格斯还向马克思介绍了丹麦等地的情况。

——《马克思恩格斯全集》第 27 卷第 78～84 页

《恩格斯致马克思》

全文约 2600 字。恩格斯 1847 年 1 月 15 日写于巴黎。在这封信中，恩格斯向马克思介绍了伯恩施太因对贝尔奈斯的影响，贝尔奈斯完全相信并听从伯恩施太因的指导，并询问马克思是否来巴黎。恩格斯还在信中赞扬马克思用法文写《哲学的贫困》批判蒲鲁东。并评价《紫罗兰报》是无害的现代评论小报；告诉马克思他想改写1847年初写的评卡·格律恩的《从人的观点论歌德》一文，说格律恩把歌德的一切庸人习气颂扬为人的优秀之处。并说格律恩的文章可以归结为：人＝德国小资产者。恩格斯想把这篇文章用于《德意志意识形态》第2卷，作为批判"真正的社会主义"各章的补充。

——《马克思恩格斯全集》第 27 卷第 85～89 页

《恩格斯致马克思》

全文约 3500 字。恩格斯 1847 年 3 月 8 日写于巴黎。在这封信中，恩格斯附去了艾韦贝克写的一本书，并批判了这本书。他告诉马克思贝尔奈斯时常在《柏林阅览室》上发表他的共产主义空谈。恩格斯说不想再与他来往了。建议马克思离开布鲁塞尔到巴黎来。恩格斯还向马克思介绍了沃拉贝耳的《帝国的没落，两次复辟的历史》，这本书列举了波旁王朝和其同盟者的一切卑鄙行为，对事实作了准确的叙述和批评，因而很有意义。说路易·勃朗的《革命史》一书是正确的猜想和绝顶的谬论的杂乱混合物。告诉马克思他与莫泽斯完全断绝了关系。

——《马克思恩格斯全集》第 27 卷第 89～95 页

《恩格斯致马克思》

全文约 6600 字。恩格斯 1847 年 9 月 28—30 日于布鲁塞尔写给在荷兰的马克思。马克思为了解决自己的钱款问题去了荷兰。在这封信中，恩格斯向马克思介绍了一些平时不满马克思、恩格斯言论的人组成联盟，想推倒马、恩及一切共产主义者，与德意志工人协会竞争。他们还举行了一次世界主义民主派的晚宴，想建立一个团体。由于恩格斯参加了这个晚宴，并得到工人们的支持，挫败了他们的阴谋。恩格斯还告诉马克思，他决定离开布鲁塞尔，并推荐马克思接替他在"民主派兄弟协会"委员会中的职务。

——《马克思恩格斯全集》第 27 卷第 98～108 页

《恩格斯致马克思》

全文约 4600 字。恩格斯 1847 年 10 月 25—26 日于巴黎写给在布鲁塞尔的马克思。在这封信中，恩格斯向马克思介绍了他与路易·勃朗的交谈情况。恩格斯说他告诉路易·勃朗，马克思是党的领袖，这个党是德国民主派中最先进的一派。说路易·勃朗同意马克思的思想，与马克思分手他感到十分遗憾。恩格斯说他与路易·勃朗在一切实际问题和时局问题上看法一致，在纯理论问题上也逐渐在往一致走。认为宗教问题不应该成为党派内人们互相争执的理由。还告诉马克思，自己受到海尔岑的攻击，希望马克思驳斥海尔岑。

——《马克思恩格斯全集》第 27 卷第 108～115 页

《恩格斯致马克思》

全文约 2500 字。恩格斯 1847 年 11 月 14—15 日于巴黎写给在布鲁塞尔的马克思。在这封信中，恩格斯告诉马克思有关《哲学的贫困》一书的发行情况。并告诉马克思，弗洛孔认为马克思论自由贸易的文章有些混乱，恩格斯说他对此发表了反对意见，认为弗洛孔最多只是个抱有善良愿望的人。恩格斯还告诉马克思，应该参加 11 月 29 日 "民主派兄弟协会" 为了纪念 1830 年波兰起义日而在伦敦举行的国际大会，建议马克思在伦敦用法语作一次演讲，认为这比写十篇文章和进行一百次访问更有意义。他希望马克思支持哈尼和 "民主派兄弟协会" 召开一次民主派代表大会的要求，这可以促进法国民主运动的发展。

——《马克思恩格斯全集》第 27 卷第 116～119 页

《恩格斯致马克思》

全文约 1400 字。恩格斯 1847 年 11 月 23—24 日于巴黎写给在布鲁塞尔的马克思。信中，恩格斯让马克思到奥斯坦德，他要与马克思商量参加 1847 年 11 月 29 日至 12 月 8 日在伦敦举行的共产主义者同盟第二次代表大会的事情。恩格斯这次要完全按照他们两人的方针掌握大会。他告诉马克思，《哲学的贫困》一书在巴黎很畅销。建议马克思撰文驳斥赫斯对他们的诽谤，把《信条》改为《共产党宣言》，还向马克思介绍了他所写的《共产主义原理》一书。

——《马克思恩格斯全集》第 27 卷第 120～124 页

《恩格斯致马克思》

全文约 1200 字。恩格斯 1848 年 1 月 2 日于巴黎写给在布鲁塞尔的马克思。恩格斯告诉马克思，他找到路易·勃朗了。路易·勃朗说还没有看完马克思的《哲学的贫困》一书，但认为这本书相当厉害地攻击了蒲鲁东。恩格斯让马克思对路易·勃朗的《法国革命史》写一篇批评性的文章给《格斯鲁塞尔报》，形式上要友好，内容上则要肯定马克思、恩格斯的共产主义比他的理论要高明。但恩格斯说，遗憾的是，目前长处还只是在理论方面。

——《马克思恩格斯全集》第 27 卷第 129～131 页

《恩格斯致马克思》

全文约 2000 字。恩格斯 1848 年 1 月 14 日于巴黎写给在布鲁塞尔的马克思。在这封信中，恩格斯告诉马克思，赫斯对恩格斯进行了种种诽谤，甚至诬蔑恩格斯破坏了他的家庭生活，并希望马克思在《布鲁塞尔报》上批评赫斯。他告诉马克思，海涅已卧床不起，濒于死亡。还向马克思介绍了当地共产主义者同盟中出现松懈和互相嫉妒的现象。还请马克思向伯恩施太德转告一些工作方面的事情。

——《马克思恩格斯全集》第 27 卷第 125～129 页

《恩格斯致马克思》

全文约 1300 字。恩格斯 1848 年 3 月 8—9 日于布鲁塞尔写给在巴黎的马克思。1848 年 3 月 3 日，马克思接到比利时国王命令，限定他 24 小时以内离开比利时。3 月 3 日夜里，在马克思准备动身的时候，警察闯进他在布鲁塞尔的住宅，逮捕了他。3 月 4 日，又逮捕了燕妮。经 18 小时监禁以后，马克思一家不得不立即离开比利时，应法兰西共和国临时政府成员弗洛孔的邀请，前往法国。恩格斯在这封信中告诉马克思，布鲁塞尔的律师们非常激愤，迈因茨希望马克思以民事原告的身份对警察随意侵入住宅提出控告；若特兰因为马克思所受到的迫害而非常愤怒，在星期日作了抨击政府的演说。1848 年 3 月 3 日，在科伦发生了共产主义者同盟的地方支部所组织的群众示威。哥特沙克代表示威参加者向市政府递交一个请愿书，其内容是要求民主自由和保障工人权利。示威被军队驱散。示威的领导者哥特沙克、维利希和安内克被捕。恩格斯在信中谈了对这个事件的看法，认为发生这件不愉快的事，原因是组织得不好。同时认为丹尼尔斯、毕尔格尔斯等人肯定袖手旁观，没有采取积极行动。在这封信中，恩格斯还预言，德国不久将发生革命。并告诉马克思，民主协会在星斯日召开了会议，会上决定向两院提出一份请愿书，要求两院立即解散，并根据新选举条件进行选举。

——《马克思恩格斯全集》第 27 卷第 131～134 页

《恩格斯致马克思》

全文约 1500 字。恩格斯 1848 年 3 月 18 日于布鲁塞尔写给在巴黎的马克思。在信中，恩格斯让马克思写信给律师维克多·费德尔。费德尔要求马克思允许他为比利时政府无故逮捕拘禁马克思·燕妮一事辩护，并以辩护人的身份答复《比利时通报》上发表的歪曲事实为比利时政府的非法行为辩护的文章。恩格斯告诉马克思要写信感谢费德尔。在信中，恩格斯还向马克思介绍了德朗克的情况，说他是个年轻聪明的人，对他进行一些督促，让他加强些学习，他会转变过来的。请马克思把他随信寄去的《比利时状况》一文送到《改革报》。

——《马克思恩格斯全集》第 27 卷第 137～140 页

《恩格斯致马克思》

全文约 1000 字。恩格斯 1848 年 4 月 25 日于巴门写给在科伦的马克思。在这封信中，恩格斯告诉马克思，在巴门和爱北斐特没有多少人认股，他的父亲老弗里德里希·恩格斯，因为反对他的主张，因而没给他一点钱。在巴门激进的资产者也把共产主义者看作是未来的主要敌人，因此不可能认股。恩格斯还认为如果《共产党在德国的要求》一文在巴门传播出去，共产主义者在巴门就会失去一切支持和影响。

——《马克思恩格斯全集》第 27 卷第 141～143 页

《恩格斯致马克思》

全文约 400 字。恩格斯 1848 年 5 月 9 日于巴门写给在科伦的马克思。在这封信中，他告诉马克思认股的艰难：年轻的共和主义者为财产担心而害怕共产主义，当地的名流则把共产主义者看作是他们的竞争者。恩格斯随信将一些认股单寄给马克思，并请马克思把《新莱茵报》股东会议的情况告诉他。恩格斯说伯恩施太德是法学家当中唯一可以交往的人。

——《马克思恩格斯全集》第 27 卷第 144～145 页

《恩格斯致马克思》

全文约 250 字。恩格斯 1848 年 12 月 28 日于伯尔尼写给在科伦的马克思。1848 年 9 月 25 日，恩格斯等人在科伦的民众大会上发表了演说。科伦检察机关以阴谋反对现行制度的罪名对作为《新莱茵报》编辑的恩格斯等人提出控诉。9 月 26日，科伦城戒严，恩格斯被迫离开科伦去瑞士。在瑞士的伯尔尼，恩格斯听到安·哥特沙克被宣判无罪，就写信给马克思，在信中向马克思询问科伦的情况，他是否可以回到科伦而不受到羁押。同时希望马克思寄些钱给他。恩格斯后来于 1849 年 1 月返回科伦。

——《马克思恩格斯全集》第 27 卷第 149 页

《恩格斯致马克思》

全文约 1100 字。恩格斯 1849 年 1 月 7 日于伯尔尼写给在科伦的马克思。在这封信中，恩格斯向马克思介绍了瑞士的情况。恩格斯说瑞士是个无聊的地方，如果他不能回科伦就去罗迦诺。同时告诉马克思，施坦普弗利在《伯尔尼报》上积极推荐和介绍《新莱茵报》，希望马克思经常给他寄些《新莱茵报》。

——《马克思恩格斯全集》第 27 卷第 150～152 页

《恩格斯致马克思》

全文约 1300 字。恩格斯 1851 年 1 月 8 日写于曼彻斯特。向马克思介绍 1851 年 1 月 5 日在曼彻斯特人民学院举行由宪章派曼彻斯特委员会组织的公开集会的情况。在这个会上，宪章派的革命派代表厄·琼斯和乔治·哈尼与改良派代表詹·李奇、丹·多讷文进行了激烈的辩论。这次会议的结果在很大程度上促成曼彻斯特的宪章派组织在这之后不久发生分裂，使宪章派很大一部分普通成员公开转向宪章派的革命派方面。马克

思和恩格斯都支持革命派代表，恩格斯为此亲自参加了这个
会议。

——《马克思恩格斯全集》第 27 卷第 181～183 页

《恩格斯致马克思》

全文约 1500 字。恩格斯 1851 年 2 月 13 日写于曼彻斯特。
这封信主要是为了回复马克思 2 月 11 日的信。恩格斯认为革
命虽然受社会发展的法则支配，但在更大程度上是受物理定律
支配的纯自然现象。只有采取自主态度，才能保证实质上的革
命。因此他与马克思当时的"孤独"是必须的。他们不需任何
名誉，不需要任何国家任何政党的任何支持，不担任国家职
务，也尽可能不担任政党的职务，他们应该做的是要发表他们
的文章著作以反击那些别有用心的人的攻击。

——《马克思恩格斯全集》第 27 卷第 209～211 页

《恩格斯致马克思》

全文约 1500 字。恩格斯 1851 年 2 月 25 日于曼彻斯特写
给在伦敦的马克思。在这封信中，恩格斯告诉马克思，他认为
马克思的货币流通理论完全正确，但对马克思在这个理论的说
明方式上提了几点修正意见。

——《马克思恩格斯全集》第 27 卷第 219～221 页

《恩格斯致马克思》

全文约 1500 字。恩格斯 1851 年 2 月 26 日写于曼彻斯特。恩格斯认为威·帕·纳皮尔的《比利牛斯半岛战争史》是写法国执政时代和帝国历史书籍中最好的一本，他在评价拿破仑的军事和行政天才方面，看法非常正确，并建议他与马克思一起分工批判路易·勃朗所有的著作。

——《马克思恩格斯全集》第 27 卷第 222～224 页

《恩格斯致马克思》

全文约 300 字。恩格斯 1851 年 3 月 10 日写于曼彻斯特。1851 年 3 月 15 日施拉姆在《人民之友》第 14 号上发表了声明，对他和皮佩尔在 2 月 24 日维利希所主持的纪念法国革命庆祝宴会上所受到的侮辱提出了抗议。哈尼为这个声明写了一篇赔罪的导言。这样施拉姆与哈尼之间的纠纷就解决了。恩格斯在这封信中讲了这件事。建议马克思说服施拉姆把布朗基献词的一份译文寄给哈尼。

——《马克思恩格斯全集》第 27 卷第 234 页

《恩格斯致马克思》

全文约 700 字。恩格斯 1851 年 3 月 17 日写于曼彻斯特。在谈了生活方面的问题后，恩格斯告诉马克思，他从西塞罗的书信中研究路易·菲利普的统治和督政府的腐败。说西塞罗是无价之宝，他集克鲁格教授和塞巴斯提安·载勒尔于一身，"自从世界开创以来，在庸人中间找不出比这家伙更下贱的无赖"。

——《马克思恩格斯全集》第 27 卷第 235～236 页

《恩格斯致马克思》

全文约 3300 字。恩格斯 1851 年 4 月 3 日写于曼彻斯特。他应马克思上一封信的要求，对如何计算利润率进行了说明。信中恩格斯说他正在研究战争，但由于资料缺乏的原因，无法写成一篇有关匈牙利战争的文章。恩格斯还用军事观点分析了巴黎如果爆发革命，他们将采用什么方法去削弱敌人。恩格斯还向马克思打听魏德迈的详细地址，想从魏德迈那里弄到关于匈牙利军队的编制和战术的军事参考书。

——《马克思恩格斯全集》第 27 卷第 247～252 页

《恩格斯致马克思》

全文约 900 字。恩格斯 1851 年 4 月 11 日写于曼彻斯特。向马克思介绍他当时所写的《1852 年神圣同盟对法战争的可能性与展望》一文的进展，并谈了他对威灵顿的看法，说威灵顿是固执、倔强、顽固的英国人，"有足够的理智和他的民族所具有的利用一切资源的一切才能。思考徐缓、行动谨慎，不论有多大幸运都从来不指望侥幸的偶然事件"。"他具有军人的一切素质，这些素质都得到了很均衡而十分协调的发展，但正是这种协调状态才使这种种素质没有一种发展到真正天才的程度"。正是这种原因，使他所代表的托利党放弃自己的阵地，与资产阶级相融合。

——《马克思恩格斯全集》第 27 卷第 252～254 页

《恩格斯致马克思》

全文约 2500 字。恩格斯 1851 年 5 月 1 日写于曼彻斯特。恩格斯在信中说不必抱怨有"坏的追随者"，因为这是正常的事，比如拿破仑就有非常平庸的追随者如萨瓦里，拿破仑的办法是使他逐渐成为凑合用的机器。在信中，恩格斯又就家庭生活方面的事情做了说明。

——《马克思恩格斯全集》第 27 卷第 257～260 页

《恩格斯致马克思》

全文约 1100 字。恩格斯 1851 年 5 月 6 日或 7 日写于曼彻斯特。对德朗克在日内瓦贺词上签名的事，恩格斯认为这是不可原谅的过失，要对他进行诘问和训斥。在信中他向马克思介绍威灵顿在 1811 年所写的关于殖民地商业中的自由贸易和垄断方面问题的经济学著作。对为德国成立的伦敦民主临时政府的瓦解，恩格斯感到非常懊恼。

——《马克思恩格斯全集》第 27 卷第 266～268 页

《恩格斯致马克思》

全文约 2500 字。恩格斯 1851 年 5 月 9 日写于曼彻斯特。回复马克思向他询问过的有关利用电学原理能否促使植物生长的问题。当时美、英、德等国都有人攻击马克思。恩格斯说马克思处在足以自豪的地位，因为他受到的攻击连拿破仑也没有遇到过。对攻击的反击，恩格斯认为不必立即进行，要在适当的时候集中力量狠狠反击。

——《马克思恩格斯全集》第 27 卷第 270～273 页

《恩格斯致马克思》

全文约 1500 字。恩格斯 1851 年 5 月 19 日写于曼彻斯特。恩格斯告诉马克思，上星期《莱比锡画报》上有攻击马克思的文章，说马克思被击溃了、打败了、压倒了。介绍了金克尔·卡芬雅克以及伦敦流亡者的情况。对葡萄牙的革命，恩格斯认为它是萨耳达尼亚作为纯粹的个人起来谋叛。

——《马克思恩格斯全集》第 27 卷第 277～280 页

《恩格斯致马克思》

全文约 2500 字。恩格斯 1851 年 5 月 23 日写于曼彻斯特。信中恩格斯对马克思作为《新莱茵报》代表参加全世界新闻界宴会感到很高兴。告诉马克思伦敦德意志工人教育协会成员拉罗什被判绞刑。而这个协会的另一些成员维利希·席梅尔普芬尼和济格尔等人混在一起，恩格斯说在他们之中小团体意识非常盛行，就像旧兵营和军官会里的那种情形。对于这种情形，恩格斯所能做的就是继续研究军事问题，以便能在理论上与他们较量。恩格斯还分析了法国的局势以及未来动乱后德国的处境，认为如果发生动乱，德国将陷入分裂，它的盟友除了匈牙利，就是俄国，而前提是俄国发生农民革命。恩格斯说他通过研究历史，认为波兰是一个毫无希望的民族。它只是在俄国进入土地革命以前有充当俄国工具的作用，这以后就不会再有存在的理由。俄国的统治是卑鄙的，但俄国对黑海、里海和中亚细亚，对巴什基里亚人和鞑靼人的文明，起到了积极的作用。俄国所接受的文化因素，如工业因素，比具有小贵族懒惰本性的波兰要多得多。波兰人也从来不会同化异族分子，俄国人却有这种能力。

——《马克思恩格斯全集》第 27 卷第 283～287 页

《恩格斯致马克思》

全文约 1000 字。恩格斯 1851 年 6 月 27 日写于曼彻斯特。他告诉马克思因为《中央委员会告同盟书》一文的作者毕尔格尔斯的被捕，这篇文章被刊登在报纸上。虽然这篇文章有许多地方论点不清楚，但还是让世人看到维利希等人已被开除出共产主义者同盟。恩格斯推测这些被捕的人将被提交柏林国家法庭审判，而他们的被捕对共产主义者同盟没有什么大的损害。

——《马克思恩格斯全集》第 27 卷第 292～293 页

《恩格斯致马克思》

全文约 1900 字。恩格斯 1851 年 7 月 17 日写于曼彻斯特。恩格斯认为《科伦日报》发表的他与马克思所写的《中央委员会告共产主义者同盟书》一文，澄清了许多事实。指出封建反动势力的进攻并没有对资产阶级发生作用。《十字报》疯狂地攻击立宪派名流，而立宪派则心平气和地忍受，恩格斯说立宪派是罪有应得，因为立宪派曾诬蔑过《新莱茵报》。

——《马克思恩格斯全集》第 27 卷第 301～304 页

《恩格斯致马克思》

全文约 2000 字。恩格斯 1851 年 7 月 20 日写于曼彻斯特。在这封信中，恩格斯告诉马克思，他喜欢米凯尔，认为他如果到外国住些时候，会成为一个很能干的人。恩格斯在信中还分析了他与马克思合写的《中央委员会告共产主义者同盟书（1850 年 3 月）》对民主派的影响。恩格斯说他对到处都有共产主义小组在《共产党宣言》的基础上建立起来，感到非常高兴，认为这是共产主义事业发展所必需的。

——《马克思恩格斯全集》第 27 卷第 305～307 页

《恩格斯致马克思》

全文约 1200 字。恩格斯 1851 年 8 月 1 日写于曼彻斯特。恩格斯说施拉姆是个卑鄙的家伙，并提及魏德迈想去美国，把《工人报》掌握到自己手里。恩格斯认为魏德迈是个可以信任的人，在美国比在伦敦有作用。对马克思的石印通讯计划，恩格斯很赞成，但认为应该保密，筹备工作一做好就应登出广告，建议马克思作这个企业的经理。他告诉马克思美国发生了经济危机，并提醒马克思注意妥善保管信件，他自己已被监视。

——《马克思恩格斯全集》第 27 卷第 313～315 页

《恩格斯致马克思》

全文约 1400 字。恩格斯 1851 年 8 月 10 日写于曼彻斯特。恩格斯说《阿·卢格致卡·海因岑》是十足的庸俗议论。他们虽然反对马、恩，但他们却不断地钻研马、恩的作品，不知不觉地受这些作品的影响和启发，他们的作品中有对马、恩作品的剽窃和由于不懂而造成的歪曲。恩格斯还告诉马克思，仍有一些人造谣诬蔑他们。

——《马克思恩格斯全集》第 27 卷第 322～325 页

《恩格斯致马克思》

全文约 2300 字。恩格斯 1851 年 8 月 11 日写于曼彻斯特。在这封信中,恩格斯向马克思谈了他对蒲鲁东的《十九世纪革命的总观念》一书的看法,征询马克思对此的意见。恩格斯说蒲鲁东提出的降低利息的要求是小资产者美好愿望的另一种表现。但任何降低利息的最直接后果都是增加大商人的利润和这个阶级的普遍上升。蒲鲁东所设想的用商业措施和强制手段来逐渐降低利率,以便使利息的支付变成债务的清偿,从而消灭一切债务等,并把一切现有的财产都集中在国家或者公社手中,是完全行不通的。这样的措施和手段只有一种意义,即在革命发展的某一个时刻,可以利用垄断的国家银行颁布一些法令,作为在实行公开的没收以前的最后措施。最后恩格斯认为,虽然这本书中存在很多缺陷,但比他以前的书注重现实了,价值构成也具有了一种比较有血肉的形式。恩格斯还说,从 1847 年以来,蒲鲁东非常彻底地完成了从黑格尔到施蒂纳的过渡,这也是一种进步。

——《马克思恩格斯全集》第 27 卷第 325～328 页

《恩格斯致马克思》

全文约 1500 字。恩格斯 1851 年 8 月 21 日写于曼彻斯特。信中说明给马克思寄去《德国的革命和反革命》一文,并向马克思解释因为一些原因这篇文章没有写好。信中恩格斯说他读完了蒲鲁东《十九世纪革命的总观念》一书的一半，认为马克思对这本书的意见非常正确。蒲鲁东把产业阶级、资产阶级和无产阶级看成实质上相同的阶级。恩格斯认为这是蒲鲁东想从理论上拯救资产阶级的最后尝试。蒲鲁东也接受了马克思、恩格斯关于物质生产是决定性的历史因素以及关于阶级斗争理论的很多观点，但蒲鲁东歪曲了其中的大部分，利用假黑格尔主义的魔术，制造了把无产阶级纳入资产阶级中去的假象。恩格斯认为蒲鲁东对路易·勃朗、罗伯斯庇尔和卢梭的批判中有些不错的见解。但他对政治的批判则非常平淡，他认为自由和权力是互不相容的对立物。恩格斯认为蒲鲁东有许多思想来源于《共产党宣言》和《法兰西阶级斗争》。信的最后是有关给威廉·沃尔弗找工作的事。

——《马克思恩格斯全集》第 27 卷第 333~336 页

《恩格斯致马克思》

全文约 600 字。恩格斯 1851 年 8 月 27 日写于曼彻斯特。恩格斯说流亡者在伦敦召开的会议是追求一种伊利亚特式的会战。他向马克思要金克尔·弗莱里格拉特等人的通讯处。对于蒲鲁东的《十九世纪革命的总观念》一书，恩格斯说他的第二部分从《清算》开始，把日拉丹式的宣传和施蒂纳式的吹牛熔于一炉，有些地方简直就是无谓的空谈，总之不值得去探讨。

——《马克思恩格斯全集》第 27 卷第 345~347 页

《恩格斯致马克思》

全文约 3000 字。恩格斯 1851 年 9 月 23 日写于曼彻斯特。恩格斯认为意大利委员会的分裂是好事，意大利革命的成绩在于把意大利那些最落后的阶级都卷入了革命。对于施拉姆被捕一事，恩格斯认为他与维利希·沙佩尔的阴谋没有关系，因此很快就会被释放。维利希有许多文件被登在报纸上，恩格斯认为这些文件表明作者的思想是极度贫乏的。他还分析了当时国际羊毛市场和纺织行业的情况，认为很快会发生商业危机。他预言环行世界的航运业半年后将获得广泛的发展，他们关于太平洋将在世界航运中跃居首位的预言将比预料的还要快。

——《马克思恩格斯全集》第 27 卷第 360~364 页

《恩格斯致马克思》

全文约 2000 字。恩格斯 1851 年 9 月 26 日写于曼彻斯特。恩格斯认为泰霍夫的战争史从军事观点来看是极其肤浅的，甚至有些地方就是错误的。恩格斯认为军队铁的纪律不是来自"内部政治延期"和军事独裁，并分析了联军的兵力和革命的兵力情况，根据这一分析，恩格斯得出结论：如果革命爆发，那么这场革命最初必然是处于守势，或者是不计后果的冒险主义行动。

——《马克思恩格斯全集》第 27 卷第 372~375 页

《恩格斯致马克思》

　　全文约 2000 字。恩格斯 1851 年 10 月 15 日写于曼彻斯特。恩格斯建议马克思立即还哥林盖尔的钱，并付法院传票的费用，不要等到去法院。恩格斯让马克思把所需钱数告诉他，他将尽力帮助马克思。对于施拉姆把有关鲍威尔和普芬德经管款项问题的争吵记录带在身上，恩格斯认为这是令人不快的事。对于豪普特，恩格斯也还没有把他当作密探。对于经济危机，恩格斯认为已经存在种种征兆，并预言大陆上明年春季的动荡将和非常严重的危机同时到来。对于拿破仑，恩格斯说他已经衰落了、完蛋了，并征求马克思对拿破仑的看法。

　　　　　　　　——《马克思恩格斯全集》第 27 卷第 380～384 页

《恩格斯致马克思》

　　全文约 2600 字。恩格斯 1851 年 12 月 3 日写于曼彻斯特。恩格斯说法国的历史进入了极其滑稽可笑的阶段。1851 年 12 月 1 日夜，波拿巴发动政变，解散立法国民议会，自行宣布延长总统任期，12 月 2 日，波拿巴干脆废除共和，恢复了帝制，法国 1848 年革命到此结束。恩格斯认为，波拿巴的政府不会长期稳定下去，巴黎人民的举动很愚蠢。指出这一事件还使英国的商业突然陷入停顿。也因为这一事件，马克思、恩格斯的一些工作暂时要延缓一下。

　　　　　　　　——《马克思恩格斯全集》第 27 卷第 401～405 页

《恩格斯致马克思》

全文约 1200 字。恩格斯 1851 年 12 月 16 日写于曼彻斯特。恩格斯告诉马克思，海因岑的《德意志快邮报》已奄奄一息。魏德迈的《革命》周刊很快就要出版。魏德迈曾希望恩格斯写一篇对法国事件的评论和阐述文章，恩格斯把这事转给马克思，建议马克思写一篇外交式的、有回旋余地的、划时代的文章。恩格斯说魏德迈的生意经还有些嫩，要给他一些指导。恩格斯还询问马克思如何看待法国的有价证券。恩格斯认为有价证券会给波拿巴带来更多的选票，并指出农民的过火行动对波拿巴也有帮助。

——《马克思恩格斯全集》第 27 卷第 413～415 页

《恩格斯致马克思》

全文约 1000 字。恩格斯 1851 年 12 月 10 日写于曼彻斯特。恩格斯认为波拿巴在选举中很可能当选。但无论是从经济实力上，还是政治才能上看，波拿巴都不可能进行任何改革。如果路易·波拿巴能够废除酒税，进行一些资产阶级改革，他倒有可能站得住脚，但这种可能性极小。另有一种可能是军队中的"秩序党"各派现在取代"无政府主义者"的地位，造成一种无政府状态出现，使红色党人和赖德律·洛兰以救世主的姿态出现，就像现在的路易·拿破仑一样。

——《马克思恩格斯全集》第 27 卷第 407～409 页

《恩格斯致马克思》

全文约 2700 字。恩格斯 1851 年 12 月 11 日写于曼彻斯特。1851 年年底，法国发生了路易·波拿巴政变，恩格斯在信中揭露路易·勃朗等人左右逢源，不真正参加战斗。对巴黎人民的不反抗，恩格斯很气愤，认为波拿巴的军事统治非常严酷，这会影响他的选票，但因为军队的支持，波拿巴仍会当选。他告诉马克思股票开始下跌，但利物浦、曼彻斯特的市场还是很稳定。

——《马克思恩格斯全集》第 27 卷第 409～413 页

《恩格斯致马克思》

全文约 750 字。恩格斯 1852 年 1 月 6 日写于曼彻斯特。恩格斯在信中谈论了他们为魏德迈和《纽约每日论坛报》写作的情况，讨论了有关奥地利和普鲁士的政治动态、英国及曼彻斯特棉纺业的营业状况等问题，还询问了吕德尔斯的背景情况。

——《马克思恩格斯全集》第 28 卷第 5～6 页

《恩格斯致马克思》

全文约 1700 字。恩格斯 1852 年 1 月 22 日写于曼彻斯特。恩格斯在信中谈到为魏德迈和《纽约每日论坛报》写文章的情况；他还谈到与琼斯的联系，并希望了解琼斯与哈尼之间的冲突；他很轻蔑地谈到与皮佩尔的往来。他在信中详细地分析了大陆军队入侵英国的可能性和后果，以及法国路易·波拿巴政府的内政外交形势。

——《马克思恩格斯全集》第 28 卷第 8~11 页

《恩格斯致马克思》

全文约 2200 字。恩格斯 1852 年 3 月 2 日写于曼彻斯特。恩格斯在信中批判了施蒂纳的著作，谈到了他与德纳的联系，他自己写《德国的革命与反革命》的工作，以及信件检查和英国政府内部的斗争。恩格斯还分析指出，经济危机在目前爆发的可能性不大，它发生的时间应当是在当年的 11 月到翌年的 2 月间，且规模将很大。他还提到了自己的生意状况。

——《马克思恩格斯全集》第 28 卷第 31~34 页

《恩格斯致马克思》

全文约 2360 字。恩格斯 1852 年 3 月 18 日写于曼彻斯特。恩格斯在信中表示他不能帮助德朗克，建议由皮佩尔来照顾他。在信中还谈了他的近况，并说他在学习斯拉夫语。他在信中分析指出，宪章派正在瓦解，如果没有马克思主义的指导，他们不可能走上正确的道路；他分析指出，路易·波拿巴的金融措施不过是资本主义的改良措施，他还分析了英国政府的情况。信的最后，他谈到了自己的生意状况。

——《马克思恩格斯全集》第 28 卷第 36～40 页

《恩格斯致马克思》

全文约 530 字。恩格斯 1852 年 4 月 27 日写于曼彻斯特。恩格斯表示要再读一遍马克思的《路易·波拿巴的雾月十八日》。他还断定由于德朗克的过失导致了莫泽斯·赫斯被通缉。他提到了与弗莱里格拉特的联系。他对英国政府内部的斗争表示快意。他谈到了琼斯与哈尼争夺《星报》的斗争。

——《马克思恩格斯全集》第 28 卷第 53～54 页

《恩格斯致马克思》

全文约 1600 字。恩格斯 1852 年 5 月 7 日写于曼彻斯特。恩格斯在信中建议对德纳限制刊登他们的文章进行反击。他讽刺了维利希等人虚张声势的做法，还提到《流亡中的大人物》的写作大有进展。恩格斯还分别评论了霍夫施泰特尔、金策耳、维利希等人的军事著作以及戈尔盖的回忆录，他表示希望能亲自写一些关于匈牙利战争的著作。

——《马克思恩格斯全集》第 28 卷第 66～68 页

《恩格斯致马克思》

全文约 1300 字。恩格斯 1852 年 7 月 15 日写于曼彻斯特。

恩格斯在答复马克思 7 月 13 日的信时同意马克思对时事的看法，尤其赞同利用舍尔瓦尔密探的身份来推翻科伦案件的想法，并表示愿意帮助打通与科伦的联系。他还谈到他在钻研军事科学方面取得了很大的进步。

——《马克思恩格斯全集》第 28 卷第 85～87 页

《恩格斯致马克思》

全文约 1260 字。恩格斯 1852 年 8 月 24 日写于曼彻斯特。恩格斯在信中请马克思帮助搜集几种军事杂志。他还嘲笑了金克尔、维利希、哈尼等人的没落。他赞同马克思提到的危机已经临近的说法，但认为是否马上导致革命将取决于危机的强度，他提醒注意澳大利亚和加利福尼亚两大新市场的动态。

——《马克思恩格斯全集》第 28 卷第 113～115 页

《恩格斯致马克思》

全文约 3660 字。恩格斯 1852 年 9 月 23 日写于曼彻斯特。恩格斯在信中谈了给马克思寄钱的安排。他商讨翻译和校订《路易·波拿巴的雾月十八日》的工作，还引用工厂视察员霍纳的报告，说明繁荣时期资本追加的情况和经济危机的日益临近。他还寄去他校订《路易·波拿巴的雾月十八日》的札记，逐一指出了皮佩尔的译文的种种错误。

——《马克思恩格斯全集》第 28 卷第 135～143 页

《恩格斯致马克思》

全文约 2200 字。恩格斯 1852 年 11 月 5—6 日写于曼彻斯特。恩格斯告诉马克思将通过一只南安普顿轮船把《建立新反对党的尝试》寄出。在谈到科伦案件时，恩格斯认为毕尔格尔斯等人也要被宣告无罪了。信中他还表示了对柯尔曼来信的种种疑问，认为需要班迪亚说明。在信末，恩格斯谈到施梯伯自我掩饰的失败，耍新的花招，认为这种方式只会引起对"原本记录"的注意。恩格斯还提到了希尔施也在曼彻斯特。

——《马克思恩格斯全集》第 28 卷第 186～191 页

《恩格斯致马克思》

全文约 2300 字。恩格斯 1853 年 3 月 9 日写于曼彻斯特。恩格斯谈了自己生活的拮据境况，认为科苏特和马志尼的怯懦与卑鄙毁了他们自己。信中他谈到乌尔卡尔特的一本关于土耳其的书，认为其观点陈腐可笑。恩格斯还揭露了"群贤内阁"的骗局。评述了普奥之间签订的通商条约。

——《马克思恩格斯全集》第 28 卷第 219～223 页

《恩格斯致马克思》

全文约 1300 字。恩格斯 1853 年 3 月 11 日写于曼彻斯特。恩格斯认为沙贝利茨有可能把《揭露科伦共产党人案件》的一部分卖给德国政府，要马克思坚持要书。恩格斯介绍了英国市场上纱的情况，谈了对吸收新人的看法，希望能借报纸给恢复起来的组织提供讨论的基地。

——《马克思恩格斯全集》第 28 卷第 228～230 页

《恩格斯致马克思》

全文约 500 字。恩格斯 1853 年 4 月 26 日写于曼彻斯特。恩格斯随信附上了一篇他与马克思共同完成的文章和一英镑，并邀请马克思尽快到他家。在信中，恩格斯还利用 1850—1853 年美国向英国、法国和其他国家输出棉花数量的统计数字，表明法国从美国直接进口的棉花大量减少，从而分析了法国商业的衰落现象。他还进一步指出了法国工业的不景气以及造成上述现象的政治原因。

——《马克思恩格斯全集》第 28 卷第 241～242 页

《恩格斯致马克思》

全文约 1500 字。恩格斯 1853 年 5 月 26 日左右写于曼彻斯特。信中恩格斯谈到维利希被触到痛处，企图脱身，并告诉马克思《新英格兰报》将寄四百份《揭露科伦共产党人案件》的小册子来。恩格斯谈论了《阿拉伯的历史地理学》一书，列举其中三点结论，认为犹太人的圣书不过是古代阿拉伯宗教传说和部落传说的记载。

——《马克思恩格斯全集》第 28 卷第 248～251 页

《恩格斯致马克思》

全文约 3300 字。恩格斯 1853 年 6 月 6 日写于曼彻斯特。恩格斯评价了魏德迈和克路斯登在《刑法报》上的两篇驳斥维利希的声明，并谈了《揭露科伦共产党人案件》的邮寄方法。他认为了解土地私有制状况的确是了解整个东方的一把钥匙。在信末，恩格斯介绍了自己正在学习波斯语的情况及读书的一些体会。

——《马克思恩格斯全集》第 28 卷第 258～265 页

《恩格斯致马克思》

全文约 750 字。恩格斯 1854 年 4 月 21 日左右写于曼彻斯特。在信中恩格斯再次提及《每日新闻》一事，还讲到了他今后两个星斯将经营办事处的事务以弥补其造成的经济损失，并希望不与其父在经济问题上发生争执。信的最后，恩格斯请马克思阅读一篇他给《每日新闻》写的文章，并帮他买一本书。

——《马克思恩格斯全集》第 28 卷第 342～344 页

《恩格斯致马克思》

全文约 1300 字。恩格斯 1854 年 5 月 1 日写于曼彻斯特。信中恩格斯再次谈及他对海泽的看法以及与之交往和共同完成驳斥席梅尔普芬尼希的文章的原因，并认为将文章寄给克鲁斯是有益的。信中恩格斯还讲述了土军的弱点和敖德萨的情况，认为土耳其帝国正走向末日。

——《马克思恩格斯全集》第 28 卷第 350～352 页

《恩格斯致马克思》

全文约 1500 字。恩格斯 1854 年 5 月 9 日写于曼彻斯特。信中恩格斯首先谈到了对马克思来信的感受，又讲到海泽总是醉酒。信中恩格斯主要介绍了阿·吕特根的《1850 年什列斯维希－霍尔施坦陆海军的军事行动》一书，具体讲到了什列斯维希－霍尔施坦军队以 2.6 万人击败丹麦 3.6 万人的战例。最后恩格斯认为炮轰敖德萨是失败的，战争的领导权已从阿伯丁和伯麦斯顿手中滑掉，因而战争的火药味更浓。他认为忠实于波拿巴的圣阿尔诺总使其主人陷入困境。

——《马克思恩格斯全集》第 28 卷第 358～361 页

《恩格斯致马克思》

全文约 600 字。恩格斯 1854 年 6 月 10 日写于曼彻斯特。恩格斯讲述了未能及时给马克思寄文章的原因：办事处的事很多。他告知马克思要在明天寄给他一篇关于围攻锡利特里亚的文章。在信中恩格斯还分析了匈牙利的战局，并打算为此出书。最后恩格斯讲到为《泰晤士报》写的文章已写好，德朗克因醉酒而被马车轧伤。

——《马克思恩格斯全集》第 28 卷第 365～366 页

《恩格斯致马克思》

全文约 700 字。恩格斯 1854 年 7 月 20 日写于曼彻斯特。信中恩格斯告知马克思，德朗克或许会给他一些钱，并提及了瑙特、贝克尔、毕尔格尔斯的情况。他还提到德朗克因醉酒调戏妇女而遇到麻烦。恩格斯认为海泽、德朗克、伊曼特得到不体面的结局是件好事，对他们是个教训。

——《马克思恩格斯全集》第 28 卷第 374～375 页

《恩格斯致马克思》

全文约 800 字。恩格斯 1855 年 12 月 12 日写于曼彻斯特。信中恩格斯告诉马克思写文章的经济收益。他摆脱了米尔巴赫。他还提到迈耶尔的信以及卡尔·约斯特先生及其漫画，并谈到工人仍在罢工，他认为工人是正义的，且得到了支持。他还打算从《卫报》编辑那儿打听《观察家时报》的情况。

——《马克思恩格斯全集》第 28 卷第 462～464 页

《恩格斯致马克思》

全文约 1540 字。恩格斯 1856 年 2 月 7 日写于曼彻斯特。恩格斯对法国内部的政治状况作了详细的评述，指出路易·波拿巴的独裁统治政策已不能控制日益高涨的革命运动，赞扬了在无产阶级、大学生和军队中的反波拿巴主义倾向，得出了

"大转变已经开始了"，"波拿巴的纸房子"即将倒塌的结论。

——《马克思恩格斯全集》第 29 卷第 7～10 页

《恩格斯致马克思》

全文约 1480 字。恩格斯 1856 年 4 月 14 日写于曼彻斯特。恩格斯给马克思列举了有关德国经济状况的实际材料，指出其中虽然有一些"不过是虚假的现象"，但"在大陆工业的这种大发展中已播下了英国革命的最有生命力的种子"。

——《马克思恩格斯全集》第 29 卷第 41～43 页

《恩格斯致马克思》

全文约 1480 字。恩格斯 1856 年 5 月 23 日写于曼彻斯特。恩格斯描述了爱尔兰的状况，他指出，作为"英国的第一个殖民地"，爱尔兰已"被人为地变成了一个完全赤贫的民族"，而"英国公民的所谓自由是建立在对殖民地的压迫上的"，从而揭露了英国对爱尔兰所采取的殖民政策的方法和手段。

——《马克思恩格斯全集》第 29 卷第 55～57 页

《恩格斯致马克思》

全文约 1350 字。恩格斯 1856 年 11 月 17 日写于曼彻斯特。恩格斯论述了欧洲金融危机的加剧，法国危机的迫近以及拿破仑第三的冒险政策，指出法国的形势是发动革命的最有利的条件。同时恩格斯还论述了无产阶级政党在即将到来的革命中的策略，嘲笑了德朗克受长期经济繁荣的影响和政治停滞的腐蚀而脱离革命斗争的行为。此外，恩格斯告诉马克思自己研究詹姆斯《英国海军史》的一些结论。

——《马克思恩格斯全集》第 29 卷第 80～83 页

《恩格斯致马克思》

全文约 1700 字。恩格斯 1857 年 4 月 22 日写于曼彻斯特。恩格斯认为，为《百科全书》撰稿，首先是补助马克思的家庭生活，其次是在资产阶级出版物和百科全书有限篇幅所容许的范围内，宣传革命的唯物主义思想。此外，恩格斯还询问了有关撰写《百科全书》的许多具体问题。

——《马克思恩格斯全集》第 29 卷第 121～124 页

《恩格斯致马克思》

全文约 550 字。恩格斯 1857 年 5 月 11 日写于曼彻斯特。恩格斯附寄给马克思拉萨尔的来信，并对拉萨尔及其作品进行了批评，认为对他"没有什么可指望的"。此外，还指出英国在波斯和中国的战争是"肮脏的"。

——《马克思恩格斯全集》第 29 卷第 129～130 页

《恩格斯致马克思》

全文约 1560 字。恩格斯 1857 年 8 月 25 日写于滑铁卢。恩格斯告诉马克思有关鲁普斯在法国的经历，揭露了波拿巴政府在对内政策方面所采用的严密控制的手段和方式。同时，恩格斯还谈到自己的身体状况和正在进行的《军队》条目写作。

——《马克思恩格斯全集》第 29 卷第 156～159 页

《恩格斯致马克思》

全文约 1700 字。恩格斯 1857 年 9 月 21 日写于赖德。恩格斯向马克思介绍贝尔纳多特在奥斯特尔利茨、耶拿、埃劳、瓦格拉姆会战斯间的情况，并谈到印度的问题。

——《马克思恩格斯全集》第 29 卷第 171～173 页

《恩格斯致马克思》

全文约 3000 字。恩格斯 1857 年 9 月 22 日写于赖德。恩格斯继续向马克思提供贝尔纳多特的材料，以及拿破仑的其他将领毕若、博斯凯、布吕歇尔等人的材料。同时告诉马克思，《军队》历史部分已完成。

——《马克思恩格斯全集》第 29 卷第 173～178 页

《恩格斯致马克思》

全文约 3220 字。恩格斯 1857 年 11 月 15 日写于曼彻斯特。恩格斯谈到自己对经济危机发展进程的观察，指出危机在英国的表现，对人民群众革命化的影响，认为革命已经在望，并表示他正加紧研究军事，为未来的革命战斗做好准备，同时把有关危机的材料寄给马克思。此外，恩格斯指出，印度和中国的战争牵制了英国的军事力量和资金，在一定条件下成为加剧世界经济危机和促进欧洲革命的一个因素。

——《马克思恩格斯全集》第 29 卷第 199～204 页

《恩格斯致马克思》

全文约 2010 字。恩格斯 1857 年 12 月 7 日写于曼彻斯特。恩格斯向马克思提供了有关危机的详细情报，主要是英国工业区，尤其是英国的纺织工业中心——曼彻斯特地区的情报。同时，恩格斯也详细介绍了有关法国、德国和其他国家危机进程的情况。

——《马克思恩格斯全集》第 29 卷第 212～215 页

《恩格斯致马克思》

全文约 1650 字。恩格斯 1858 年 3 月 4 日写于曼彻斯特。恩格斯回答了马克思提出的关于机器设备的平均更新时间问题，并详细解释了生产过程中机器设备的折旧问题。此外，恩格斯指出，英国"政治警察"截走信件的行为是过火和愚蠢的。

——《马克思恩格斯全集》第 29 卷第 280～283 页

《恩格斯致马克思》

全文约 2850 字。恩格斯 1858 年 3 月 17 日写于曼彻斯特。恩格斯谈到巴黎工人对波拿巴制度不满的事例，并详细分析了作为波拿巴专政支柱的波拿巴军队的情况，指出"即使在军队里也只有上层的代表才是真正倾向波拿巴的"，同时还分析了在革命到来时波拿巴政府可能采取的手段和措施。此外，恩格斯还对普鲁士的情况以及在即将来临的革命中德国可能出现的阶级力量的配置情况进行了分析，指出了德国自由资产阶级的软弱性。

——《马克思恩格斯全集》第 29 卷第 290～294 页

《恩格斯致马克思》

全文约 1480 字。恩格斯 1858 年 7 月 14 日写于曼彻斯特。恩格斯谈到自己研究物理学、化学、比较生理学以及其他自然科学的情况，并指出，自然科学的最新发现，已愈加证明用辩证唯物主义的态度研究自然界是正确的。

——《马克思恩格斯全集》第 29 卷第 323～326 页

《恩格斯致马克思》

全文约 1310 字。恩格斯 1858 年 10 月 7 日写于曼彻斯特。恩格斯指出曼彻斯特和其他地方的纺织生产由于对印度和中国的贸易而十分兴旺，并就琼斯与资产阶级激进派合作一事，向马克思指出，英国工人阶级已日益资产阶级化了，工人运动中机会主义倾向已占据了上风，而这种工人运动低落和机会主义泛滥的状况是与英国资本主义在世界市场上的统治地位和海外的广大殖民地相联系的。

——《马克思恩格斯全集》第 29 卷第 343～346 页

《恩格斯致马克思》

全文约 1400 字。恩格斯 1858 年 10 月 21 日写于曼彻斯特。恩格斯辛辣地嘲讽了琼斯、马志尼、皮阿、维利希等人的行为，并评论了大陆上法国、德国、意大利和俄国无产阶级运动的前景，同时询问马克思政治经济学著作的进展情况，答应提供马克思所需要的资料。此外，恩格斯还谈到曼彻斯特商业停滞的现象。

——《马克思恩格斯全集》第 29 卷第 349～352 页

《恩格斯致马克思》

全文约 1400 字。恩格斯 1859 年 7 月 18 日写于曼彻斯特。

恩格斯谈到德朗克的生意情况和政治空谈，并请马克思把《人民报》改组后的财政状况确切地告诉自己。同时他还谈到为《人民报》撰稿的问题并表示自己正在研究一些有关的文件和资料。此外，恩格斯请马克思帮他搞一些需要的文件并建议向美国发行《人民报》。

——《马克思恩格斯全集》第 29 卷第 438～440 页

《恩格斯致马克思》

全文约 1140 字。恩格斯 1859 年 7 月 25 日写于曼彻斯特。恩格斯保证尽早写出书评，并谈到已给敦克尔去信询问《政治经济学》一书的广告问题，同时还谈到自己文章的不足之处。此外，恩格斯还提到了德朗克、鲁普斯、龚佩尔特、黑克舍尔等人的情况，批评了李卜克内西的无知和浅薄。

——《马克思恩格斯全集》第 29 卷第 446～448 页

《恩格斯致马克思》

全文约 510 字。恩格斯 1859 年 10 月 3 日写于曼彻斯特。恩格斯谈到自己的麻烦事还可能拖延下去，并表示《步兵》一文因种种事情打扰未能全部完成，同时还询问马克思有关在法庭受审的原因以及小资产阶级流亡者中"大人物"的消息。此外他还请马克思开一份退款总账单以便监督，并谈到了济贝耳的情况。

——《马克思恩格斯全集》第 29 卷第 467～468 页

《恩格斯致马克思》

全文约 1380 字。恩格斯 1859 年 11 月 4 日写于曼彻斯特。恩格斯批评了弗莱里格拉特和比斯康普的愚蠢行为，并谈到布林德和福格特已"大出其丑"，指出加里波第的角色"相当暧昧"。同时，恩格斯表示准备写一篇关于德国军事改革的文章以及中国和东亚方面的报道。此外，他还谈到哥特语的研究进度，打算进一步研究古挪威语和盎格鲁撒克逊语，并寄去了席勒活动的程序表。

——《马克思恩格斯全集》第 29 卷第 480～483 页

《恩格斯致马克思》

全文约 420 字。恩格斯 1859 年 12 月 11—12 日写于曼彻斯特。恩格斯痛斥了贝特齐希和金克尔的卑鄙无耻，并谈到自己正在阅读达尔文刚出版的《物种起源》一书，同时极力赞扬了这部著作。

——《马克思恩格斯全集》第 29 卷第 502 页

《恩格斯致马克思》

全文约 1300 字。恩格斯 1860 年 1 月 26 日写于曼彻斯特。恩格斯在信中就写文章所需的时局材料和马克思交换情况，并肯定了马克思关于美国和俄国奴隶运动意义的看法。另外，恩格斯还根据对印度棉纱及棉花价格的分析，预言一至二季度内印度将会出现一场严重的危机。他还在信中询问了有关费舍和乌尔卡尔特派的关系问题，通报了德朗克和鲁普斯的情况。

——《马克思恩格斯全集》第 30 卷第 8～10 页

《恩格斯致马克思》

全文约 2000 字。恩格斯 1860 年 1 月 31 日写于曼彻斯特。这是一封对马克思 1 月 28 日来函的回信。信中恩格斯谈到了如何和拉萨尔联系的设想，并就如何对付福格特之流提出了建议。恩格斯认为最重要的是尽快出版《政治经济学批判》第二分册。另外，应马克思的要求，恩格斯还介绍了有关《总汇报》编辑奥尔格斯的一些情况。

——《马克思恩格斯全集》第 30 卷第 14～16 页

《恩格斯致马克思》

全文约 700 字。恩格斯 1860 年 2 月 1 日写于曼彻斯特。就福格特的小册子《我对〈总汇报〉的诉讼》，拉萨尔 1860 年 1 月底给马克思来信，介绍了一些有关的情况并百般为福格特辩解。恩格斯的这封信在分析了拉萨尔的信后，指出形势的严重性，认为应对福格特作一个答复，并建议大家分头收集有关材料。

——《马克思恩格斯全集》第 30 卷第 19～20 页

《恩格斯致马克思》

全文约 2200 字。恩格斯 1860 年 6 月 20 日写于曼彻斯特。这是对马克思 6 月 16 日信件的回复。信中恩格斯纠正了洛美尔的错误观点。对于阿布的《拿破仑第三和普鲁士》,恩格斯预料拉萨尔会对此作出反应。另外,信中还摘录了叙事诗《森林之王的女儿》。

——《马克思恩格斯全集》第 30 卷第 65～68 页

《恩格斯致马克思》

全文约 600 字。恩格斯 1860 年 6 月 28 日左右写于曼彻斯特。信中恩格斯提醒马克思,因为对《国民报》的诉讼不被受理,反击福格特的小册子更要尽快写出来,而且要写得使普鲁士政府无法禁止它在普鲁士发行。信中还附上了恩格斯的《英国的志愿兵部队》。

——《马克思恩格斯全集》第 30 卷第 75～76 页

《恩格斯致马克思》

全文约 800 字。恩格斯 1860 年 7 月 23 日左右写于曼彻斯特。1860 年 7 月 12 日,英国议会议员、自由党人金黑克在下院发表演说,揭露法国波拿巴政府政策的真实意图。信中对金黑克的演说、那不勒斯将军乌洛阿的《1848—1849 年意大利独立战争》以及加里波第的情况作了评论。

——《马克思恩格斯全集》第 30 卷第 79～80 页

《恩格斯致马克思》

全文约 1300 字。恩格斯 1860 年 9 月 15 日写于曼彻斯特。全信主要有四个方面内容：对拉萨尔的信作评论；建议不要在伦敦出版反击福格特的小册子，要尽可能在法国付印和推销；告诉马克思《英国志愿兵猎兵的检阅》已在《军事总汇报》上发表；分析意大利的形势并揭露《国民报》和《人民报》的卑鄙行为。

——《马克思恩格斯全集》第 30 卷第 91～93 页

《恩格斯致马克思》

全文约 2250 字。恩格斯 1860 年 10 月 1 日写于曼彻斯特。恩格斯在信中说，由于营业上事情的干扰，《海军》条目不能马上写出来。关于反击福格特的书，从书名到具体的印刷出版恩格斯都同马克思进行了广泛的商讨。恩格斯在信中还分析了罗马教皇的军队、皮蒙特人以及加里波第的部队在意大利的角逐，还分析了奥地利的形势以及普鲁士军队训练中的机械化和程式化。

——《马克思恩格斯全集》第 30 卷第 97～100 页

《恩格斯致马克思》

全文约 1000 字。恩格斯 1861 年 1 月 7 日写于曼彻斯特。
恩格斯在信中提议马克思迫使流亡国外的法国民主主义者比斯
康普揭露波拿巴主义者的奸细沃尔弗斯。另外，1860 年年底，
弗兰茨·约瑟夫政府对奥地利民族解放运动作了一些不彻底的
让步。1860 年 11 月，林肯当选为美国总统。恩格斯还在信中
分析了奥地利和美国的形势。

——《马克思恩格斯全集》第 30 卷第 139～141 页

《恩格斯致马克思》

全文约 650 字。恩格斯 1861 年 11 月 27 日写于曼彻斯特。
1861 年 11 月 8 日，为逮捕英国邮船"特伦特号"上两个去欧
洲执行外交使命的蓄奴州同盟的使者，北美军舰截获了邮船。
1861 年 4 月，巴枯宁向沙皇请求赦免最终遭拒绝，逃到英国。
信中恩格斯就这两件事以及当时普鲁士下院的选举作了评论。

——《马克思恩格斯全集》第 30 卷第 205～206 页

《恩格斯致马克思》

全文约 2600 字。恩格斯 1862 年 5 月 5 日写于曼彻斯特。
当时，《纽约每日论坛报》内向蓄奴州妥协的势力加强，报纸
离开进步立场。1862 年 4 月 6—7 日，在通往科林斯的要冲上

南军和北军发生激战，结果南军败向科林斯；由于普鲁士政府和众议院在军队改革问题上的严重冲突，政府解散议会，重新选举，结果仍是进步党获胜。恩格斯在信中对《论坛报》立场的转变、鲁普士议会重新选举以及美国内战中的科林斯会战和弗吉尼亚及南部山区的战况发表了评论。

——《马克思恩格斯全集》第 30 卷第 232～235 页

《恩格斯致马克思》

全文约 2400 字。恩格斯 1862 年 5 月 23 日写于曼彻斯特。他在信中介绍了施特龙以及鲁道夫·施拉姆的情况。另外，1862 年 5 月 1 日，新奥尔良被美国北军攻占。信中恩格斯对新奥尔良的被攻克及美国内战前景作了分析。

——《马克思恩格斯全集》第 30 卷第 240～243 页

《恩格斯致马克思》

全文约 750 字。恩格斯 1862 年 12 月 30 日写于曼彻斯特。1862 年 12 月，北军将领伯恩赛德率军向弗吉尼亚州的腊帕哈诺克河南岸弗雷德里克斯伯格地区南军阵地发起多次进攻均告失败，12 月 14 日夜退回腊帕哈诺克河北岸。恩格斯在信中对这次失败作了评论。

——《马克思恩格斯全集》第 30 卷第 303～304 页

《恩格斯致马克思》

全文约 1600 字。恩格斯 1863 年 4 月 8 日写于曼彻斯特。在波兰起义的影响下，立陶宛和白俄罗斯西部反抗沙皇统治的斗争得到加强。恩格斯在信中就立陶宛的运动对波兰事件的影响、查·赖尔的《人类古代的地质学考证》及托·亨·赫胥黎的《人类在自然界的位置》发表了评论。

——《马克思恩格斯全集》第 30 卷第 333～335 页

《恩格斯致马克思》

全文约 1300 字。恩格斯 1863 年 4 月 21 日写于曼彻斯特。拉萨尔给马克思的一份《柏林改革报》上，一则消息歪曲地叙述了 1861 年春马克思在柏林期间同拉萨尔进行的关于合办报纸的谈判。恩格斯在信中分析了一些所能采用的对策，并分析了俄国历史上的一些事件。

——《马克思恩格斯全集》第 30 卷第 340～342 页

《恩格斯致马克思》

全文约 1100 字。恩格斯 1863 年 5 月 20 日写于曼彻斯特。1863 年 5 月 17 日和 19 日，拉萨尔在法兰克福发表演说，抨击资产阶级进步党，进步党的报刊开始攻击拉萨尔。恩格斯在信中对这场争吵表示关注，同时他劝马克思趁机完成《政治经济学批判》第二分册。另外，他还对科学发现的艰难作了评论。

——《马克思恩格斯全集》第 30 卷第 342～345 页

《恩格斯致马克思》

全文约 800 字。恩格斯 1863 年 11 月 24 日写于曼彻斯特。1852 年伦敦条约规定，霍尔施坦公国留在德意志联邦内同时又是丹麦的组成部分，什列斯维希公国划入丹麦。1863 年 11 月 13 日，丹麦议会在新宪法中宣布什列斯维希完全归并于丹麦。恩格斯在信中就丹麦事件对德国的影响及德国形势作了分析。

——《马克思恩格斯全集》第 30 卷第 369～370 页

《恩格斯致马克思》

全文约 1500 字。恩格斯 1864 年 4 月 29 日写于曼彻斯特。加里波第和马志尼的会面以及支持波兰起义者的讲话引起英国资产阶级的不满，英政府宣布加里波第继续留在英国为不受欢迎。恩格斯在信中评论了加里波第的英国之行以及普鲁士和丹麦的战争，并通报了鲁普斯的身体状况。

——《马克思恩格斯全集》第 30 卷第 385～387 页

《恩格斯致马克思》

全文约 2350 字。恩格斯 1864 年 11 月 2 日写于曼彻斯特。恩格斯在 1864 年 9—10 月间进行了什列斯维希－霍尔施坦之行。恩格斯在信中向马克思介绍了当地的风土人情，包括自然风光、人种特征、使用的语言和军队的风貌。恩格斯还谈到当地人民的历史及其和英格兰人的关系，这对马克思主义民俗学的建立有一定指导意义。

——《马克思恩格斯全集》第 31 卷第 6～8 页

《恩格斯致马克思》

全文约 1300 字。恩格斯 1864 年 11 月 7 日写于曼彻斯特。恩格斯在信中表达了他对拉萨尔死因的看法。同时，他还认为国际工人协会将分裂成理论方面的资产阶级分子和理论方面的无产阶级分子。恩格斯还强调了与工人重新联系的重要性。

——《马克思恩格斯全集》第 31 卷第 18～20 页

《恩格斯致马克思》

全文约 1690 字。恩格斯 1865 年 2 月 5 日写于曼彻斯特。恩格斯阐述了他的《普鲁士军事问题和德国工人政党》的写作意图，即揭露德国统治者对无产者的剥削。恩格斯还批判了崇拜拉萨尔的错误思潮。

——《马克思恩格斯全集》第 31 卷第 57～60 页

《恩格斯致马克思》

全文约 450 字。恩格斯 1865 年 2 月 24 日写于曼彻斯特。1865 年 2 月马克思在伦敦德意志工人共产主义教育协会成立 25 周年庆祝会上发表演说，批评拉萨尔主义，《社会民主党人报》对此作了歪曲报道。恩格斯在信中要求尽快寄出与该报决裂的声明。

——《马克思恩格斯全集》第 31 卷第 81～82 页

《恩格斯致马克思》

全文约 400 字。恩格斯 1865 年 2 月 27 日写于曼彻斯特。马克思一直关注《普鲁士军事问题和德国工人政党》的写作。此书完成后，恩格斯写信与马克思讨论此书的发表及对此书进行评论宣传的具体计划。

——《马克思恩格斯全集》第 31 卷第 87 页

《恩格斯致马克思》

全文约 740 字。恩格斯 1867 年 9 月 12 日写于曼彻斯特。恩格斯在信中分析了德国拉萨尔主义者之间的分歧，认为同德国工人建立联系十分必要。

——《马克思恩格斯全集》第 31 卷第 354～355 页

《恩格斯致马克思》

全文约 1400 字。恩格斯 1867 年 10 月 13 日写于曼彻斯特。恩格斯在信中说明了打破资产阶级对《资本论》沉默的工作的进展情况，同时还指出李卜克内西已在斗争中成长起来。

——《马克思恩格斯全集》第 31 卷第 366～368 页

《恩格斯致马克思》

全文约 1400 字。恩格斯 1867 年 10 月 22 日写于曼彻斯特。恩格斯在信中评论了李卜克内西在普鲁士进行的斗争，揭露了俾斯麦继续欺骗工人的企图。

——《马克思恩格斯全集》第 31 卷第 375～377 页

《恩格斯致马克思》

全文约 700 字。恩格斯 1867 年 11 月 8 日写于曼彻斯特。恩格斯在信中谈到《资本论》的宣传，认为最需要在德国报刊上引起轰动，迫使经济学家们写文章进行评论。

——《马克思恩格斯全集》第 31 卷第 387～388 页

《恩格斯致马克思》

全文约 850 字。恩格斯 1867 年 11 月 26 日写于曼彻斯特。恩格斯在信中说明了为《资本论》写作书评的计划，还对狄慈根作了高度评价。

——《马克思恩格斯全集》第 31 卷第 393～395 页

《恩格斯致马克思》

全文约 500 字。恩格斯写于 1868 年 1 月 6 日。恩格斯在信中说肖莱马将为马克思编一个有关农业化学书籍的索引，还认为从普鲁士当局出版的战争史上看，奥地利军队错过了 1866 年战争中关键战役的胜利。

——《马克思恩格斯全集》第 32 卷第 6～7 页

《恩格斯致马克思》

全文约 650 字。恩格斯写于 1868 年 1 月 10 日。恩格斯谈了来访的前独裁者阿曼特·戈克如何失去与常人悟性世界的任何联系，如何轻信无知，并答应为奥地利报刊写些文章。

——《马克思恩格斯全集》第 32 卷第 15～16 页

《恩格斯致马克思》

全文约 2100 字。恩格斯写于 1868 年 2 月 2 日。恩格斯提到自己正忙于席勒协会的事务；担心马克思按辩证法为德国科学界写的《资本论》，在翻译时要落入蠢才之手；谈了对李卜克内西的小报的坏印象；叙述了大量事实以说明普鲁士在各新省地位不稳；讲述了博尔夏特与施瓦伯夫人私通的事。

——《马克思恩格斯全集》第 32 卷第 27～31 页

《恩格斯致马克思》

全文约 460 字。恩格斯写于 1868 年 3 月 10 日。恩格斯赞成马克思对《双周评论》的看法，谈到俄国人推迟在土耳其的行动是因没修好铁路和国内饥荒，并讲了俾斯麦业绩的代价。

——《马克思恩格斯全集》第 32 卷第 40～41 页

《恩格斯致马克思》

全文约 810 字。恩格斯写于 1868 年 3 月 19 日。恩格斯在信中讲了如何去查几个单词，自己正忙于席勒协会的事而没时间写文章，波拿巴准备隆重宣布俄法普同盟的建立，普鲁士正不断抓人。

——《马克思恩格斯全集》第 32 卷第 48～49 页

《恩格斯致马克思》

全文约 1130 字。恩格斯写于 1868 年 5 月 6—7 日。信中恩格斯回顾了与马克思年轻时的激情，表示要好好祝贺马克思的五十寿辰；赞赏马克思对利润率所作的阐述；赞成马克思关于对降低关税的调查计划；说德国工商业条例像一盘官僚主义杂碎。

——《马克思恩格斯全集》第 32 卷第 78～80 页

《恩格斯致马克思》

全文约810字。恩格斯写于1868年7月10日。信中恩格斯说很高兴得到病人的好消息；批评了法国人支部的举动；谈到布林德米能在"旅英德国名人讲演会"上演讲；谈论了东欧近况；讲读了普鲁士战争1866年结局后发现南德意志人很愚蠢。

　　——《马克思恩格斯全集》第 32 卷第 111~112 页

《恩格斯致马克思》

全文约810字。恩格斯写于1868年9月16日。信中恩格斯认为布鲁塞尔代表大会开得较好；建议马克思常激发迈斯纳的热情；提议向工人通俗简单地介绍《资本论》的内容；谈了因席勒协会邀请福格特来演讲，自己就声明退出席勒协会理事会。

　　——《马克思恩格斯全集》第 32 卷第 140~141 页

《恩格斯致马克思》

全文约660字。恩格斯写于1868年10月2日。恩格斯在信中说波克罕筹到了款；马克思该写《资本论》第2卷了；批评施韦泽在联合会中设了三个权力机构，说这是拉萨尔从法国宪法中搬用的荒谬东西，却被施韦泽看作是永恒普遍适用的公式。

　　——《马克思恩格斯全集》第 32 卷第 162~163 页

《恩格斯致马克思》

　　全文约 810 字。恩格斯写于 1868 年 10 月 14 日。恩格斯在信中讲了埃森工人胜利结束罢工后即要求施韦泽等精确报告罢工经费支出情况；说一些厂主成立协会缩短工时是《资本论》发生了实际作用；说李卜克内西的小报文章几乎每篇都充满无稽之谈；说在西班牙，将军们的统治很快要完结。

　　　　　　——《马克思恩格斯全集》第 32 卷第 171～172 页

《恩格斯致马克思》

　　全文约 1350 字。恩格斯写于 1868 年 10 月 22 日。恩格斯认为施韦泽重视宗派利益，但对整个政治形势和对其他政党所持的观点比其他人明确而得体得多，而李卜克内西却在为韦耳夫王朝大唱赞歌。

　　　　　　——《马克思恩格斯全集》第 32 卷第 174～177 页

《恩格斯致马克思》

　　全文约 1460 字。恩格斯写于 1868 年 12 月 18 日。信中恩格斯认为，把革命或反革命事件的因果一律置之脑后，是每次胜利的反动的必然结果，德国青年一代对 1848 年革命简直毫无所知；建议马克思策略地拒绝与巴枯宁的同盟，以免让其提高其身价。

　　　　　　——《马克思恩格斯全集》第 32 卷第 219～221 页

《恩格斯致马克思》

全文约 1650 字。恩格斯写于 1869 年 1 月 29 日。恩格斯在信中谈到巴枯宁集团已消亡，贝克尔在干蠢事；认为瑞士的革命条件好；高度评价琼斯"是政治家中完全站在我们方面的唯一有教养的英国人"，在工人中没人能替代他。

———《马克思恩格斯全集》第 32 卷第 234～237 页

《恩格斯致马克思》

全文约 960 字。恩格斯写于 1869 年 4 月 7 日。恩格斯在信中说李卜克内西信守蔑视事实的原则，不公开揭露施韦泽；谈了出版《德国农民战争》的细节；讲述了普雷斯顿罢工情况。

———《马克思恩格斯全集》第 32 卷第 277～278 页

《恩格斯致马克思》

全文约 810 字。恩格斯写于 1869 年 4 月 14 日。恩格斯在信中说佐林根工人来信揭穿了李卜克内西的大话；称赞《外交评论》上关于克里特起义的文章，并说自己一贯认为俄国在完成通往黑海和普拉特河的两条铁路以前不会发动战争。

———《马克思恩格斯全集》第 32 卷第 280～281 页

《恩格斯致马克思》

　　全文约 400 字。恩格斯写于 1869 年 5 月 7 日。恩格斯在信中提及，如不见李卜克内西很快答复就让艾希霍夫印《德国农民战争》；认为大陆工人依靠国际勇敢罢工，但没想到充实总的战斗基金；指出辩论工商条例时所有建议均是施韦泽和倍倍尔提出；敦促马克思告知近况。

　　　　　　　　——《马克思恩格斯全集》第 32 卷第 293 页

《恩格斯致马克思》

　　全文约 1080 字。恩格斯写于 1869 年 7 月 1 日。恩格斯在信中坦言自己很高兴成为不经商的自由人，并渴望知道施韦泽与李卜克内西论战的进展情况，还谈了关于出《资本论》通俗本的事。

　　　　　　　　——《马克思恩格斯全集》第 32 卷第 309~311 页

《恩格斯致马克思》

　　全文约 1800 字。恩格斯写于 1869 年 7 月 6 日。恩格斯在信中责备李卜克内西不该一同施韦泽争吵就请马克思帮助，指出李卜克内西在很多问题上自相矛盾、言过其实又与人民党有染；称赞倍倍尔在与施韦泽辩论时能击中要害；说特里东的《吉伦特与吉伦特派》中的观点混乱而可笑。

　　　　　　　　——《马克思恩格斯全集》第 32 卷第 314~316 页

《恩格斯致马克思》

全文约 940 字。恩格斯写于 1869 年 7 月 21 日。恩格斯认为，李卜克内西不该讲总委员会对他与施韦泽一视同仁，更不该警告施韦泽将被赶出巴塞尔代表大会，而且在同施韦泽论战中表现比往常还软弱；他还断言拿破仑三世很容易失去人心。

——《马克思恩格斯全集》第 32 卷第 321～323 页

《恩格斯致马克思》

全文约 1880 字。恩格斯写于 1869 年 7 月 25 日。恩格斯表示极反感李卜克内西的强辩，认为其阻止政府在工厂中设视察员的做法很荒谬；认为施韦泽是于心有愧才没抓住李卜克内西的话来威胁国际；建议在德国会费交来前不要寄去一文钱。

——《马克思恩格斯全集》第 32 卷第 327～330 页

《恩格斯致马克思》

全文约 740 字。恩格斯写于 1869 年 10 月 24 日。恩格斯在信中谈到了他新发现的有关爱尔兰的资料；说从爱尔兰历史中可以看出：如果一个民族奴役其他民族，那对它自己来说也很不幸。

——《马克思恩格斯全集》第 32 卷第 358～359 页

《恩格斯致马克思》

　　全文约 1380 字。恩格斯写于 1869 年 11 月 1 日。恩格斯在
信中指出，关于土地所有制的决议迫使拉萨尔分子思考，分析
了各种类型的农民；认为当工人从自由主义迷梦中清醒来时，
他们的报纸《蜂房》越加资产阶级化是件好事；介绍了一厂主
的话，此人说降低工资是逼工人罢工以缩减生产。

　　　　　　　——《马克思恩格斯全集》第 32 卷第 326～364 页

《恩格斯致马克思》

　　全文约 1500 字。恩格斯写于 1869 年 11 月 17 日。恩格斯认
为法国正面临严重混乱；俄国已在亚洲得手；高德文·斯密斯
在《爱尔兰历史和爱尔兰性格》一书中表现出他是一个聪明的
资产阶级思想家。

　　　　　　　——《马克思恩格斯全集》第 32 卷第 370～372 页

《恩格斯致马克思》

　　全文约 4500 字。恩格斯写于 1869 年 11 月 19 日。恩格斯在
信中谈了对总委员会决议的修改意见，说如不承认侯里欧克的
代表资格会造成委员会分裂，那就只好承认其资格。在信的
《补充》中，恩格斯评述了李嘉图及凯里关于地租户生机制与原
因的理论。

　　　　　　　——《马克思恩格斯全集》第 32 卷第 375～382 页

《恩格斯致马克思》

全文约 1340 字。恩格斯写于 1870 年 2 月 11 日。恩格斯在信中表示想与马克思统一关于 1866 年问题的意见；建议防范巴枯宁的阴谋，不让他轻易得手；认为从其他阶级向无产阶级输送首脑人物从 1848 年后就在所有国家停止了，工人越来越要靠自己。

——《马克思恩格斯全集》第 32 卷第 423～426 页

《恩格斯致马克思》

全文约 1130 字。恩格斯写于 1870 年 2 月 17 日。恩格斯谈到一些厂主的观点，说他们的政党不当政时他们才有点眼力；嘲笑了格莱斯顿的《土地法案》；指出济贝耳在 1795 年《巴塞尔和约》问题上的错误认识。

——《马克思恩格斯全集》第 32 卷第 430～432 页

《恩格斯致马克思》

全文约 1500 字。恩格斯写于 1870 年 2 月 22 日。恩格斯认为，卡特柯夫对巴枯宁的揭露没多大价值；建议婉言拒绝波克罕的要求；认为济贝耳、阿尔内特和维芬诺特之流对第二次瓜分波兰一事的结论割裂了历史。

——《马克思恩格斯全集》第 32 卷第 436～438 页

《恩格斯致马克思》

全文约 1700 字。恩格斯 1870 年 7 月 22 日写于曼彻斯特。这是恩格斯对马克思 7 月 20 日来信的回信。恩格斯在信中肯定了库格曼对局势的分析，并指出，路易·波拿巴为侵占德国领土而发动的战争，对德国来讲是一场真正的民族战争；从战争爆发以来双方的兵力部署等情况来看，"战争对波拿巴不可能有美满的结局"。恩格斯同意为《派尔－麦尔新闻》每周写两篇有关战事的文章，并让马克思把商量好的稿酬结果告诉他。

——《马克思恩格斯全集》第 33 卷第 8～11 页

《恩格斯致马克思》

全文约 2500 字。恩格斯 1870 年 7 月 31 日写于曼彻斯特。这封写给在伦敦的马克思的信附有普鲁士的作战部署，并请马克思将恩格斯写的文章送到《派尔－麦尔新闻》以便在星期一见报。信中告诉马克思，国际总委员会关于普法战争的第一篇宣言于星期六刊登在托利党的《信使报》上。恩格斯还分析了普法战局，得出了德国会在军事上取胜的结论。恩格斯随信把俄国支部的信还给马克思，并建议对俄国支部要小心谨慎。

——《马克思恩格斯全集》第 33 卷第 15～21 页

《恩格斯致马克思》

　　全文约 900 字。恩格斯 1870 年 8 月 3 日写于曼彻斯特。恩格斯在这封给马克思的信中附有几笔钱并说明这些钱的用处。恩格斯还在信中批评了《派尔－麦尔新闻》编辑格林伍德没有及时发表他的文章及滥加修改的行为。信中还对普法战争作了评论。

　　　　　　　　　　——《马克思恩格斯全集》第 33 卷第 24～26 页

《恩格斯致马克思》

　　全文约 250 字。恩格斯 1870 年 8 月 5 日写于曼彻斯特。恩格斯在信中赞扬了法国士兵的勇敢，同时预言波拿巴会炮制一个胜利来掩饰法军极为落后的装备；请马克思酌情以与马克思同样的保留条件代他在奥斯渥特的宣言上签字。恩格斯还附带说明 8 月 6 日或 7 日将在洛林边界发生一场会战。

　　　　　　　　　　——《马克思恩格斯全集》第 33 卷第 31～32 页

《恩格斯致马克思》

　　全文约 1300 字。恩格斯 1870 年 8 月 10 日写于曼彻斯特。恩格斯在信中把法国当时的情况同 1792 年 8 月 10 日的革命联系起来，认为法军失败会引起革命，并对法国的政治局势作了估计。恩格斯谈了普法战争的外交前景，对德国的和谈条件作了预测。信中还描述了法军对德国军队的看法以及德军的武装力量。

——《马克思恩格斯全集》第 33 卷第 36～38 页

《恩格斯致马克思》

全文约 2000 字。恩格斯 1870 年 8 月 15 日写于曼彻斯特。应马克思的要求，恩格斯寄回了德国社会民主工党不伦瑞克委员会委员们的书信及其他材料，并在信中表明了自己的看法。恩格斯分析了普法战争的不同结果对德法两国工人运动可能产生的影响，认为德国获胜对两国工人运动都有利。基于这样一种分析，恩格斯提出了德国无产阶级在普法战争期间所应该采取的策略。认为德国无产阶级应该参加民族运动；强调德国民族利益和普鲁士王朝利益之间的区别；反对并吞阿尔萨斯和洛林的一切企图；一等到巴黎由一个共和主义的、非沙文主义的政府掌权，就力争同它光荣媾和；不断强调德法两国工人利益的一致性，不互相交战等。恩格斯的这些看法和策略得到了马克思的赞同，对于指导德国工人运动具有重要意义。

——《马克思恩格斯全集》第 33 卷第 40～44 页

《恩格斯致马克思》

全文约 1400 字。恩格斯 1870 年 9 月 4 日写于曼彻斯特。恩格斯在信中就拿破仑第三被德军俘虏及法国组建政府一事发表评论；对《派尔－麦尔新闻》报纸编辑格林伍德对他的文章的处理表示不满，并告诉马克思将恩格斯的稿酬留下使用。恩格斯还就割让阿尔萨斯事件、弗莱里格拉特的诗以及萨尔布吕肯事件发表了评论。

——《马克思恩格斯全集》第 33 卷第 53～56 页

《恩格斯致马克思》

全文约 1600 字。恩格斯 1870 年 9 月 7 日写于曼彻斯特。这是恩格斯 1870 年 9 月 4 日致马克思信的续篇。恩格斯认为，有必要发表国际关于普法战争的第二篇宣言，以反对德国因军事胜利而抬头的沙文主义；恩格斯还就法国共和国的态度和前景做了评论和预测；信中还谈到国际的态度，认为在法德正式缔结和约以前，国际应采取观望态度；恩格斯在信中对德国的军事行动作了分析和预测，批判了巴黎新政府不敢向公众说明真相的卑鄙行为，认为以奥尔良为首的资产阶级在法国的直接统治是不可避免的。信中还就英俄等对德国的态度谈了自己的看法。

——《马克思恩格斯全集》第 33 卷第 58～61 页

《恩格斯致马克思》

全文约 1200 字。恩格斯 1870 年 9 月 12 日写于曼彻斯特。恩格斯在信中肯定了马克思对不伦瑞克委员会的愚蠢行为所作的批评，并请马克思将国际关于普法战争的第二篇宣言在印好后寄来两份或更多些；恩格斯在信中认为，应当阻止巴黎工人在普法缔结和约前采取行动，并结合当时的战争形势以及法国内部情况加以论证；鉴于德国兼并阿尔萨斯和洛林已经不可避免，恩格斯认为应及时考虑一种形式，使德法两国工人取得一致意见，将兼并条约看作无效并在适当时候加以废除。

——《马克思恩格斯全集》第 33 卷第 64～66 页

《恩格斯致马克思》

全文约 500 字。恩格斯 1871 年 8 月 18 日写于伦敦。恩格斯在这封给 8 月下旬去布莱顿疗养的马克思的信中，告诉马克思必须就《舆论》周报对"国际"的诽谤予以答复，还应要求该报刊登答复并在该报的同一个地方刊登详尽而彻底的辟谣声明，因为该报转载了《国民报》上刊登的一篇诽谤国际工人协会的文章；恩格斯还认为应当在《人民国家报》上发表文章，严厉驳斥《国民报》；恩格斯还谈到了波兰革命家罗兹孔多夫斯基的情况以及恩格斯对他的帮助。

——《马克思恩格斯全集》第 33 卷第 71～72 页

《恩格斯致马克思》

全文约 600 字。恩格斯 1871 年 8 月 23 日写于伦敦。信中恩格斯告诉马克思，拉萨尔分子将以他把德意志工人共产主义教育协会为佩斯罢工的印刷工人募集的捐款据为己有，而向法院控告他。同时请他起草一份号召为巴黎公社流亡者捐款的致国际美国各支部成员的呼吁书。信中还谈了 8 月 22 日召开的总委员会议的情况。另外信中还告诉马克思，钱已寄去了，拉法格已获得自由。

——《马克思恩格斯全集》第 33 卷第 74～75 页

《恩格斯致马克思》

全文约 1000 字。恩格斯 1873 年 5 月 30 日写于伦敦。恩格斯在这封信里谈了他从 1873 年开始写的一部卓越著作《自然辩证法》的构思，还谈了自己关于自然科学的辩证思想。

——《马克思恩格斯全集》第 33 卷第 82～86 页

《恩格斯致马克思》

全文约 500 字。恩格斯 1873 年 8 月 30 日写于兰兹格特。恩格斯在信中针对马克思的来信，谈了自己的看法。如塞拉叶不愿去参加日内瓦代表大会也不能强迫，但没有他，就得不到有关内部会议的报告。把译成法文的委员会的年度报告寄往日内瓦，是总委员会的义务。但在目前的情况下，巴枯宁分子控制了大会，这样"代表大会的结局越可悲越好"，塞拉叶不去也好。

——《马克思恩格斯全集》第 33 卷第 92～93 页

《恩格斯致马克思》

全文约 800 字。恩格斯 1873 年 9 月 3 日写于兰兹格特。这封信是对马克思 8 月 30 日来信的回信。在信中他告诉马克思，燕妮·龙格已顺利地分娩。信中批判巴枯宁分子为夺取国际领导权而不惜采用各种手段，并谈了自己答应伦敦石印雕板厂合伙人之一勒穆修的两件事及石印雕板厂的具体情况。信中还告诉马克思《社会主义民主同盟和国际工人协会》将出版。

——《马克思恩格斯全集》第 33 卷第 95～96 页

《恩格斯致马克思》

全文约 1200 字。恩格斯 1873 年 11 月 29 日写于伦敦。在信中恩格斯向马克思介绍了俄国民主主义者洛帕廷和吴亭，特别指出洛帕廷是一个怀有强烈俄罗斯爱国主义情怀的人，并翻译了《资本论》二至五章。恩格斯还评价了《资本论》第 1 卷的《工作日》一章的法译文，批评了科柯斯基对《社会主义民主同盟和国际工人协会》的拙劣翻译中的错误。

——《马克思恩格斯全集》第 33 卷第 98～100 页

《恩格斯致马克思》

全文约 1200 字。恩格斯 1873 年 12 月 5 日写于伦敦。信中恩格斯给马克思寄去格夫肯的《德意志帝国和银行问题》一书，肯定了《资本论》的法译本和对穆勒的《政治经济学原理及其对社会哲学的某些应用》一书的评语。恩格斯还谈了由拉法格、穆勒修和乔治·穆尔一起在伦敦开办石印刷厂的情况及拉法格和穆勒修的矛盾，并希望马克思干预此事，使他们和睦相处。此外，恩格斯还附上关于人体中机械力怎样变成热能的材料。

——《马克思恩格斯全集》第 33 卷第 103～105 页

《恩格斯致马克思》

全文约 900 字。恩格斯 1874 年 7 月 21 日写于兰兹格特。恩格斯于 7 月中旬到兰兹格特疗养，信中谈了俾斯麦利用他被刺杀一事，颁布关于出版、集会、结社等的新法令，即"非常法"，以此迫害德国工人运动的领袖，限制工人的行动，巩固自己的统治。恩格斯认为，各国统治者的反动，将加速他们的灭亡。

——《马克思恩格斯全集》第 33 卷第 112～114 页

《恩格斯致马克思》

全文约 1200 字。恩格斯 1874 年 9 月 5 日写于伦敦。恩格斯在信中告诉马克思，自己和燕妮·龙格去泽稷岛的旅行很愉快。谈了在泽稷岛上的所见所闻，指出资产阶级已日益腐朽，贫富两极分化严重。此外，恩格斯给马克思寄去钱，并谈了自己对马克思治疗的看法。

——《马克思恩格斯全集》第 33 卷第 119～121 页

《恩格斯致马克思》

全文约 1800 字。恩格斯 1874 年 9 月 21 日写于伦敦。信中恩格斯谈了自己这段时间的所见所闻，如无政府主义者内部的分裂，肖伊和弗兰克尔等人不讲原则，邀请齐林斯基之流拉萨尔匪帮参加集会差点断送了伦敦德意志工人共产主义协会。科伦工人准备出版《新莱茵报》。另外恩格斯在研究本质理论和辩证法时，肯定黑格尔的《逻辑学》关于事物的辩证本质的论述和《哲学全书缩写本》中关于自然科学的例证。针对左尔格因阴谋家和吹牛家在国际总委员会中占多数而辞职一事，恩格斯指出，他们对已逐渐衰落的国际事业不再负任何责任了。

——《马克思恩格斯全集》第 33 卷第 124～128 页

《恩格斯致马克思》

全文约 1000 字。恩格斯 1876 年 5 月 24 日写于兰兹格特。李卜克内西给恩格斯寄来莫斯特吹捧杜林《哲学教程》的稿件，建议恩格斯对流行的杜林思想给予必要的驳斥。恩格斯也认识到，一批受雇佣的煽动家和浅薄之徒大肆咒骂党，这样会使拉萨尔分子受惠。而党内的一些领袖理论水平很低，在党的报刊上发表吹捧杜林的文章。恩格斯对马克思说，是该认真考虑对待这些先生的态度了！恩格斯在谈到俄国问题时说，东方的事件已开始接近危机，他正等待着事态的进一步发展。

——《马克思恩格斯全集》第 34 卷第 13～14 页

《恩格斯致马克思》

全文约 1800 字。恩格斯 1876 年 5 月 28 日写于兰兹格特。恩格斯收到马克思的信后，决定把一切都停下来收拾无聊的杜林，并拟定好详细的计划及具体的程序和步骤。恩格斯指出，杜林的《哲学教程》是他的经济学的论据和基础。这本书一点也没有谈到真正的哲学，对自然、历史、社会、国家、法律等不能从经济方面找原因。

——《马克思恩格斯全集》第 34 卷第 18～20 页

《恩格斯致马克思》

全文约 700 字。恩格斯 1876 年 7 月 25 日写于兰兹格特。李卜克内西写信给恩格斯，就对巴枯宁主义者的和解尝试征求意见。恩格斯将此信寄给马克思，并谈了自己的看法，指出对这些人的和解要求应不予理睬。信中还说，他正在阅读杜林《哲学教程》，为批判作准备。

——《马克思恩格斯全集》第 34 卷第 21～22 页

《恩格斯致马克思》

全文约 1300 字。恩格斯 1876 年 8 月 25 日写于兰兹格特。恩格斯读了杜林哲学以后认为，在自然领域还有一些辩证学说的残余，但一进到社会和历史领域，则又用以"道德"形式出现的形而上学来说明一切了。信中告诉马克思，他一回到伦敦后就着手对杜林的批判。

——《马克思恩格斯全集》第 34 卷第 27～29 页

《恩格斯致马克思》

全文约 800 字。恩格斯 1877 年 3 月 6 日写于布莱顿。恩格斯感谢马克思在批判杜林《国民经济学批判史》方面做的大量工作，认为可以把杜林驳得体无完肤。

——《马克思恩格斯全集》第 34 卷第 38～39 页

《恩格斯致马克思》

全文约 1300 字。恩格斯 1879 年 8 月 20 日就德国党在反社会党人法实施后筹办党报中出现的问题，第一次提出严厉批评，说一个党若容忍有人肆意作威作福而不敢公开拒绝他，这样的党是没有出息的。恩格斯准备疗养回来后给予批判。

——《马克思恩格斯全集》第 34 卷第 89～91 页

《恩格斯致马克思》

全文约 1000 字。恩格斯 1879 年 8 月 25 日写于伊斯特勃恩。就出版《社会民主党人报》问题，李卜克内西、倍倍尔、伯恩斯坦等人都分别给恩格斯写信加以说明，并请他和马克思为其撰稿。恩格斯指出，他们的信中说法各不相同，矛盾百出，准备暂不理睬。

——《马克思恩格斯全集》第 34 卷第 91～93 页

《恩格斯致马克思》

全文约 2000 字。恩格斯 1879 年 9 月 9 日写于伦敦。恩格斯在信中揭露了赫希柏格、伯恩斯坦、吕贝克三人的文章《德国社会主义运动的回顾》的改良主义性质。该文认为，德国人把社会主义运动变成了纯粹的工人运动；由于挑逗资产阶级而招来了反社会党人；并说，运动应当由资产阶级和有教养的分子来领导。恩格斯建议马克思，对此最好是表明立场。恩格斯已决定草拟就此问题给德国党领导人的信。信中恩格斯还分析了俄国和普鲁士的形势。

——《马克思恩格斯全集》第 34 卷第 101～103 页

《恩格斯致马克思》

全文约 650 字。恩格斯 1881 年 7 月 29 日写于布里德林顿。恩格斯去外地疗养到达目的地后给马克思写信，谈到他要读俄国政论家的《在穷乡僻壤和在首都》、毛勒的《德国领土庄园、农户和农户制度史》等书。

——《马克思恩格斯全集》第 35 卷第 8～9 页

《恩格斯致马克思》

　　全文约 1100 字。恩格斯 1881 年 8 月 18 日写于布里德林顿。信中恩格斯向马克思描述了他在研究马克思数学手稿的事情。他说一些数学家把探求微分的方法搞得神秘莫测，是由他们思想方法的片面性所造成的，他们头脑中没有辩证观念。他还用马克思的方法分析了函数的内部变化过程。恩格斯认为，马克思的方法比其他方法简单得多。

　　　　　　　——《马克思恩格斯全集》第 35 卷第 21～23 页

《恩格斯致马克思》

　　全文约 1500 字。恩格斯 1882 年 1 月 13 日写于伦敦。信中恩格斯谈到法国工人党人分裂时说，这是党的领导人进了机会主义分子设的圈套；批评了法国党领导人的巴枯宁主义思想。

　　　　　　　——《马克思恩格斯全集》第 35 卷第 32～35 页

《恩格斯致马克思》

　　全文约 1800 字。恩格斯 1882 年 8 月 26 日写于大雅默斯。恩格斯嘱咐马克思在旅行中要多加小心。信中还分析了英国和埃及的战争形势，认为事情的最终解决不会通过军事行动，而是通过幕后的外交把戏。

　　　　　　　——《马克思恩格斯全集》第 35 卷第 85～87 页

《恩格斯致马克思》

全文约 700 字。恩格斯 1882 年 11 月 6 日写于伦敦。信中恩格斯谈到《旗帜报》上的俄法妥协问题和《无产者报》上的关于法国工人党分裂的有关情况。恩格斯还告诉马克思，他正为《资本论》第 1 卷德文第三版搜集资料。

——《马克思恩格斯全集》第 35 卷第 99～100 页

《恩格斯致马克思》

全文约 900 字。恩格斯 1882 年 11 月 21 日写于伦敦。恩格斯告诉马克思，穆尔对马克思微分学论证方法提出意见；就此，他已给穆尔写信，向穆尔介绍了马克思方法的特点。就福尔马尔论法国工人党文章中对历史的歪曲，恩格斯向马克思征询意见，是否应给予驳斥。

——《马克思恩格斯全集》第 35 卷第 108～109 页

《恩格斯致马克思》

全文约 1300 字。恩格斯 1882 年 11 月 22 日写于伦敦。信中恩格斯通过对几位历史学家著作中提到的古代日耳曼人的土地关系进行对比，说明了日耳曼人的迁移方式：他们没有私有的和单独的土地，因为在游牧生活时期，只能在氏族组织的基础上共同耕种土地。

——《马克思恩格斯全集》第 35 卷第 111～113 页

《恩格斯致马克思》

　　全文约 850 字。恩格斯 1882 年 11 月 23 日写于伦敦。信中恩格斯向马克思介绍了他在研究自然辩证法的过程中取得了一个电学方面的成就：运动在不变形式的传递中作为一项因数发生作用，而在变换形式的传递中则作为平方因数发生作用。恩格斯表示，他准备尽快结束自然辩证法的写作。

　　　　　　——《马克思恩格斯全集》第 35 卷第 113～115 页

《恩格斯致马克思》

　　全文约 1500 字。恩格斯 1882 年 12 月 8 日写于伦敦。在读了《日耳曼尼亚志》和《北美太平洋沿岸各州的土著民族》两书之后，通过比较日耳曼人和美洲红种人之间的极其相似之后，恩格斯指出，在最初阶段，生产方式不具有决定性的作用。

　　　　　　——《马克思恩格斯全集》第 35 卷第 119 页

《恩格斯致马克思》

　　全文约 1000 字。恩格斯 1882 年 12 月 15 日写于伦敦。恩格斯写完概述马尔克产生、兴盛和衰落历史的《马尔克》之后，寄给马克思征求意见。他认为对中世纪农民状况和 15 世纪中叶以来第二次农奴制起源的看法是无可争辩的。信中还指出了毛勒著作中的矛盾及产生的原因，恩格斯认为农奴制的普遍恢复是妨碍 17—18 世纪德国工业发展的一个原因。

——《马克思恩格斯全集》第 35 卷第 122～123 页

《恩格斯致马克思》

全文约 1500 字。恩格斯 1882 年 12 月 16 日写于伦敦。信中恩格斯说他对德国农奴制在 13—14 世纪几乎全部消失的意见最感兴趣。并急切想知道马克思的具体意见。

——《马克思恩格斯全集》第 35 卷第 124～126 页

《恩格斯致马克思》

全文约 2000 字。恩格斯 1882 年 12 月 19 日写于伦敦。信中恩格斯着重分析了波多林斯基的《社会主义和体力的单位》一文，认为该文的真正发现是：人的劳动能够比在没有它的情况下使太阳能更长久地保留在地球表面并起作用。但他得出的全部经济方面的结论都是错误的。恩格斯指出，用体力量度来表示经济关系是完全不可能的。

——《马克思恩格斯全集》第 35 卷第 127～129 页

《恩格斯致马克思》

全文约 750 字。恩格斯 1883 年 1 月 9 日写于伦敦。赫普纳想请马克思、恩格斯为《共产党宣言》写一篇序言，供他翻印用；恩格斯征求马克思意见，想让他用 1872 年德文版序言。

——《马克思恩格斯全集》第 35 卷第 132～133 页

二、马克思致恩格斯信件

《马克思致恩格斯》

全文约 800 字。马克思 1847 年 5 月 15 日写于布鲁塞尔。在信中，马克思告诉恩格斯，因为亚珲的被捕，目前已不可能出版恩格斯的《德国的制宪问题》一书。他告诉恩格斯，自己很喜欢这本书的前三分之一，另外部分则须修改。告诉恩格斯他当时生活非常窘迫，又生了病，希望恩格斯帮助他把贝尔奈斯和赫斯欠他的钱索要回来。还告诉恩格斯他不能去伦敦参加共产主义者同盟第一次代表大会了，派威廉·沃尔弗去。

——《马克思恩格斯全集》第 27 卷第 95～97 页

《马克思致恩格斯》

全文约 300 字。马克思 1848 年 3 月 12 日于巴黎写给在布鲁塞尔的恩格斯。信中马克思向恩格斯谈了一些生活上的事情。同时告诉恩格斯共产主义者同盟委员会在巴黎成立，建议恩格斯到巴黎来。

——《马克思恩格斯全集》第 27 卷第 135 页

《马克思致恩格斯》

全文约 600 字。马克思 1848 年 3 月 16 日于巴黎写给在布鲁塞尔的恩格斯。信中，马克思告诉恩格斯，巴黎的施特劳宾人（巴黎流动的手工业帮工）有些怨恨恩格斯。同时还让恩格斯找布赖埃尔，让布赖埃尔把欠马克思的钱还回来。马克思当时的生活已非常贫困。

——《马克思恩格斯全集》第 27 卷第 136～137 页

《马克思致恩格斯》

全文约 150 字。马克思 1848 年 4 月 25 日以前于科伦写给在巴门的恩格斯。1848 年 4—5 月，马克思、恩格斯及其拥护者在德国各城市进行了《新莱茵报》的征股工作。在这封信中，马克思告诉恩格斯科伦已有很多人认股，《新莱茵报》的编辑出版工作很快就开始了，询问恩格斯在巴门和爱北斐特能有多少人认股，是否收到了《新莱茵报》的计划书。

——《马克思恩格斯全集》第 27 卷第 141 页

《马克思致恩格斯》

全文约 400 字。马克思 1848 年 10 月 26 日于科伦写给在日内瓦的恩格斯。1848 年 9 月 26 日，由于科伦被戒严，《新莱茵报》和许多其他民主报纸停刊。1848 年 10 月，戒严解除，马克思克服财政和组织上的困难，使《新莱茵报》复刊。在这封信中，马克思告诉恩格斯《新莱茵报》复刊，并请恩格斯抓紧时间为报纸写些通讯和较长的文章。

——《马克思恩格斯全集》第 27 卷第 145～146 页

《马克思致恩格斯》

全文约 600 字。马克思 1848 年 11 月中旬于科伦写给在洛桑的恩格斯。恩格斯当时流亡在洛桑。马克思在这封信中告诉恩格斯，他还会给恩格斯寄去钱，还告诉恩格斯为了能让《新莱茵报》复刊，他预支给这个报纸一千塔勒。马克思说，根据他当时的处境，他不应该给报纸这些钱，因为他当时被三四起违反出版法的诉讼案所缠，随时可能被捕。如果他被捕，他和他的家就会急需用钱，但为了能保住这个阵地，他还是把钱给了报纸。

——《马克思恩格斯全集》第 27 卷第 146～147 页

《马克思致恩格斯》

全文约 600 字。马克思 1848 年 11 月 29 日于科伦写给在伯尔尼的恩格斯。在这封信中马克思告诉恩格斯，他写给马克思的一封信被人偷拆了，让恩格斯再写信时把信封得紧些，同时让恩格斯写评论蒲鲁东的文章和介绍匈牙利的文章。马克思在信中说，《新莱茵报》虽然一直处在"叛乱"的地位，但能够一次又一次地绕过刑法典而不断地出版，并且大受欢迎。马克思说这表明革命在前进，希望恩格斯多写文章。

——《马克思恩格斯全集》第 1 卷第 148～149 页

《马克思致恩格斯》

全文约 250 字。马克思 1849 年 4 月 23 日于汉堡写给在科伦的恩格斯。从 1849 年 4 月中旬到 5 月初，马克思到德国西北部各城市和威斯特伐里亚旅行。他会见了共产主义者同盟的盟员和民主主义者，了解了当地的革命形势，并为取得继续出版《新莱茵报》的资金采取了措施。马克思外出期间，报纸由恩格斯领导。马克思在这封信中，告诉了恩格斯他外出期间报纸费用的来源。

——《马克思恩格斯全集》第 27 卷第 152～153 页

《马克思致恩格斯》

全文约 1200 字。马克思 1849 年 6 月 7 日写于巴黎。《新莱茵报》被查封后，马克思和恩格斯于 1849 年 5 月前往美因河畔的法兰克福，后又到德国的西南部。6 月初马克思带着民主主义者中央委员会的代表资格证赴巴黎。马克思说当时的巴黎被保皇主义反动派统治着，一片阴沉气氛，但很快就会爆发革命。同时他还介绍了许茨、卢格的情况以及他本人受到诽谤的情况，并请恩格斯给他弄些活动经费。

——《马克思恩格斯全集》第 27 卷第 154～156 页

《马克思致恩格斯》

全文约 660 字。马克思 1849 年 8 月 1 日左右写于巴黎。恩格斯在 1849 年 6 月加入了巴登－普法尔茨的革命军。巴登－普法尔茨革命军举行起义，但起义失败。失败以后，恩格斯和他参加与普鲁士军作战时所在的志愿部队一起于 1849 年 7 月 12 日越过瑞士国境，7 月 24 日到斐维并写信给马克思。马克思复信表示他的关切并给他布置工作，同时介绍了自己的工作情况。

——《马克思恩格斯全集》第 27 卷第 156～157 页

《马克思致恩格斯》

全文约 1400 字。马克思 1849 年 8 月 17 日写于巴黎。信中马克思向在斐维的恩格斯介绍巴黎的情况，认为革命即将复兴，并将巴黎革命与英国革命相比较，认为当时巴黎的情况类似于英国二月革命以后的情况。

——《马克思恩格斯全集》第 27 卷第 157～159 页

《马克思致恩格斯》

全文约 500 字。马克思 1849 年 8 月 23 日写于巴黎。马克思将要被驱逐到摩尔比安省，他不同意这种"变相的谋杀"，要离开法国去伦敦，并决定在伦敦办德文杂志，他希望恩格斯能从其自身安全和工作角度来考虑离开普鲁士去伦敦。

——《马克思恩格斯全集》第 27 卷第 160～161 页

《马克思致恩格斯》

全文约 3000 字。马克思 1850 年 12 月 2 日写于伦敦。在这封信中，马克思对伦敦德意志教育协会所发表的《告各国民主主义者书》进行了批判，认为它比欧洲民主派中央委员会的宣言《告德国人》还要糟糕。同时附言建议恩格斯联系马志尼写的《共和国和君主国》、《宗教、教皇》等写意大利人及其革命的书。此信后还有燕妮的附笔，向恩格斯表达感谢并介绍一些人如豪德、沙佩尔等人的事情，她将这些人的事称为"肮脏的事情"。

——《马克思恩格斯全集》第 27 卷第 165～171 页

《马克思致恩格斯》

全文约 2400 字。马克思 1851 年 1 月 7 日写于伦敦。在信中，马克思谈了自己对地租理论的认识，同时指出李嘉图的地租理论中有些论点是和历史相矛盾的，并用具体事例来论证自己的观点。马克思认为，其主要问题仍然是地租规律如何与整个农业生产率水平的提高相符合。最后马克思总结说，地租是由于使不同的生产费用所得到的产品的价格平均化而产生的，但是这种市场价格规律不过是资产阶级竞争的规律而已。

——《马克思恩格斯全集》第 27 卷第 175～180 页

《马克思致恩格斯》

全文约 600 字。马克思 1851 年 1 月 22 日写于伦敦。1851 年 1 月 7 日奥斯渥特·迪茨在《瑞士国民报》上发表诽谤性的声明，指责马克思的拥护者享·鲍威尔和卡·普芬德把持属于伦敦德意志工人教育协会的钱款。1851 年 1 月 17 日，阿·卢格在《不来梅每日纪事报》发表文章，对《新莱茵报》，特别是对马克思和恩格斯进行了恶毒的攻击。马克思偶然看到这些报纸，写信给恩格斯，说恩格斯"像死一样的沉默"，希望他写文章反击。并告诉恩格斯他打算对汉堡出版者尤利乌斯·舒贝特提出诉讼，以迫使他继续出版《新莱茵报·政治经济评论》杂志。

——《马克思恩格斯全集》第 27 卷第 183～184 页

《马克思致恩格斯》

全文约 3900 字。马克思 1851 年 2 月 5 日写于伦敦。在这封信中，马克思向恩格斯谈了他的货币流通理论。马克思通过对英格兰银行经营活动的考察研究，指出：即使在实行纯金属流通的情况下，金属货币的数量和它的增减，也同贵金属的流进或流出、同贸易的顺差或逆差、同汇率的有利或不利没有任何关系。这就从根本上推翻了整个流通理论。同时还证明了，信用制度固然是危机的条件之一，但危机的过程之所以和货币流通有关系，只是因为国家政权疯狂地干预调节货币流通的工作，从而更加深了当前的危机。

——《马克思恩格斯全集》第 27 卷第 192～198 页

《马克思致恩格斯》

全文约 500 字。马克思 1851 年 3 月 8 日写于伦敦。在这封信中，马克思告诉恩格斯，施拉姆针对自己和皮佩尔在 2 月 24 日会议上所受的侮辱提出抗议，在《人民之友》上发表了声明。哈尼为这个声明写了一篇赔罪的导言，但也提醒施拉姆不要向违警法庭控告，就这样解决了他们之间的纠纷。勃朗·巴特尔、维利希等人在《祖国报》上也发表了声明，说布朗基没有把献词寄给任何一个委员会委员。布朗基献词一事把这些人弄得非常尴尬。

——《马克思恩格斯全集》第 27 卷第 232～233 页

《马克思致恩格斯》

全文约 700 字。马克思 1851 年 4 月 2 日写于伦敦。信中所谈大半是生活问题。马克思建议恩格斯重写匈牙利战争史，并附有丹尼尔斯的一封信，征求恩格斯对此信的看法。当时他们在互相通信的过程中，常把各自收到的其他人的信互寄以征求彼此的意见。

——《马克思恩格斯全集》第 27 卷第 245～247 页

《马克思致恩格斯》

全文约 1000 字。马克思 1851 年 5 月 5 日写于伦敦。信中马克思首先征求恩格斯对信中所附的在农业中应用电的文章的意见，并希望恩格斯把这篇文章从英文译成德文。还告诉恩格斯，卢格等人正在对自己进行诽谤，并采取各种手段迫使马克思离开德国。

——《马克思恩格斯全集》第 27 卷第 263～265 页

《马克思致恩格斯》

全文约 1600 字。马克思 1851 年 5 月 21 日写于伦敦。马克思在信中向恩格斯介绍豪格将军的《宇宙》杂志第 1 期的内容。马克思说它是夸张的、自负的、无聊的东西。卢格在这个杂志演了一个滑稽剧，炮制一封信吹嘘自己。梅因到处散布攻击马克思、恩格斯的言论：马克思和恩格斯在德国失去了一切拥护者和影响力。马克思介绍了有关日拉丹、卡芬雅克等人的情况。

——《马克思恩格斯全集》第 27 卷第 280～282 页

《马克思致恩格斯》

全文约 1500 字。马克思 1851 年 5 月 28 日写于伦敦。马克思告诉恩格斯，诺特荣克、贝克尔和勒泽尔等人已被捕，家也被搜查。马克思认为这些事情的发生是由于伦敦德意志工人教育协会中的一些人不顾现实条件盲目行动而导致的。马克思还分析了法国的状况，对《宇宙》进行了抨击，说它是彻底失败了。此信后还附有《宇宙》中所刊载的《金克尔的讲演》一文。

——《马克思恩格斯全集》第 27 卷第 287～290 页

《马克思致恩格斯》

全文约 3000 字。马克思 1851 年 7 月 13 日写于伦敦。马克思告诉恩格斯，《科伦日报》上发表了马克思、恩格斯 1850 年 3 月草拟的《中央委员会告共产主义者同盟书》。马克思说这个文件其实是对民主派的作战计划。信中还介绍毕尔格尔斯、米凯尔等人的情况，并附有卢格替菲克勒尔给弗莱里格拉特写的邀请信以及威·沃尔弗与菲克勒尔之间的通信。马克思说卢格一伙无休止地拼命使用一切新的计谋，要把他们自己强加给公众。

——《马克思恩格斯全集》第 27 卷第 295～300 页

《马克思致恩格斯》

全文约 2400 字。马克思 1851 年 7 月 31 日写于伦敦。马克思告诉恩格斯他这时的生活非常困难，有些影响他的工作。康拉德·施拉姆曾想把有关共产主义者同盟的一些文件据为己有，马克思与他进行了斗争，拿回了这些文件。海因岑和卢格仍在纽约的《快邮报》发表文章反对马克思、恩格斯及共产主义者。他希望恩格斯给琼斯的《寄语人民》写一篇文章。

——《马克思恩格斯全集》第 27 卷第 309～312 页

《马克思致恩格斯》

全文约 5000 字。马克思 1851 年 8 月 8 日写于伦敦。在这封信中，马克思向恩格斯介绍了蒲鲁东《十九世纪革命的总观念》一书的要点。

——《马克思恩格斯全集》第 27 卷第 315～322 页

《马克思致恩格斯》

全文约 2100 字。马克思 1851 年 8 月 14 日写于伦敦。在这封信中，马克思告诉恩格斯，近日会把蒲鲁东《十九世纪革命的总观念》一书寄给他，并请他把对此书的看法详细地告诉马克思。同时马克思也谈了对蒲鲁东这本书的意见。马克思说，蒲鲁东反对的真正敌人是资本，反对资本的办法是废除利息。在蒲鲁东看来，废除了利息，就可使产业阶级永远占优势，而资本家会逐渐消失。马克思则认为，废除利息的结果只能是使小的非产业资本家变成产业资本家，使大资产阶级永世长存。废除利息只是改良资产阶级社会的手段，而不是经济发展规律，蒲鲁东还没有发现经济发展的客观规律。藩鲁东还把银行看作是废除利息的手段。马克思说这也是不可能的，银行使资本的利息降低多少，资本的价格就以同样的比例提高多少。马克思还认为，由于蒲鲁东是反对共产主义的，因而对公有制的问题不能确切地加以说明。同时，蒲鲁东的理论对象只限于工厂，他认为农民和工人一样是自古就有的，要承认他们的存在。马克思则认为，改造农业，并改造在农业基础上的所有制，应该成为未来社会变革的基本内容。在信中，马克思还说，蒲鲁东是通过卡贝·勃朗的歪曲来认识共产主义的，并从共产主义剽窃了许多东西，但蒲鲁东主义的实质是反对共产主义的。尽管这本书存在很多问题，马克思还是认为蒲鲁东的这本书与路易·勃朗等人的著作相比还是进步的；同时蒲鲁东对卢梭、罗伯斯庇尔等人以及像上帝、博爱等诸如此类的荒唐的东西都进行了大胆的抨击。在这封信中，马克思还向恩格斯推荐了杜罗·德·拉·马尔的《罗马人的政治经济学》，认为从这本书可以了解有关罗马作战方式的经济基础——土地清册。同时，马克思还让恩格斯收集梅因、孚赫等人发表在《石印通讯》上攻击他们的文章，以便反击。

——《马克思恩格斯全集》第 27 卷第 329～332 页

《马克思致恩格斯》

全文约 5700 字。马克思 1851 年 8 月 25 日写于伦敦。马克思赞扬恩格斯的《德国的革命和反革命》写得很出色。他向恩格斯介绍了 8 月 8 日流亡者在伦敦召开的会议。参加这个会议的有三个主要集团，卢格－菲克勒尔、金克尔、陶森瑙，另外还有一些普鲁士国民议会的前议员。这些人想要成立一个正式委员会。这次会议开得乱七八糟，争吵不休。8 月 15 日，召开协商派会议，这个会议人数极少，开得冷冷清清。8 月 17 日，因为金克尔没有及时把通过费舍从新奥尔良得到的 160 英镑钱上交而使这些人又发生了大的争吵。卢格决定建立鼓动者俱乐部。这个俱乐部建立以后，卢格却被他们的一伙人"彻底罢免"。共产主义者同盟中的乌尔麦尔代表同盟参加了这个总的民主协会。8 月 22 日，举行了第三次会议。这个会议更是混乱不堪。施拉姆痛骂了卢格，同时还发泄了他对共产主义的愤怒，攻击了维利希。为资金的问题进行了争吵，"流亡者上层"对"流亡者下层"不屑一顾，而胡乱地挥霍资金。维利希和沙佩尔要退出委员会。马克思要恩格斯把这些情况写信告诉费舍，希望通过他筹集一些钱，帮助被捕入狱的同志。

——《马克思恩格斯全集》第 27 卷第 336～345 页

《马克思致恩格斯》

全文约 3300 字。马克思 1851 年 8 月 31 日写于伦敦。信中马克思告诉恩格斯由于维利希和沙佩尔在 8 月 26 日宣布退出大唐坊街流亡者委员会，这个委员会因此而完全解散了。维利希遭到大家的责难。卢格曾被选入"全体民主派"流亡者委员会。由于卢格退出，这个委员会也解散了，但又选出了新的临时委员会，由金克尔、赖辛巴赫、布赫尔和泽姆佩尔组成。马克思说这标志他们与"国家要人"联结在一起了。让恩格斯写信给金克尔问他对费舍给他与恩格斯的 160 英镑钱怎么处理。海因岑所办的《快邮报》因资金问题而被新报代替。《国家报》又对海因岑提起诉讼，控告他进行诽谤。梅因岑曾在他办的《快邮报》上宣传费尔巴哈和阿尔诺德·卢格的学说，以促使美国人"人道主义化"。巴黎成立了拉梅耐—米歇尔（资产者）—舍耳歇委员会，这个委员会还想依靠法国人、西班牙人、意大利人建立"欧洲联邦"。赖德律的《流亡者》杂志激烈地攻击这个委员会。但在巴黎举行的整个新闻界的教皇选举会上，《流亡者》杂志遭到失败，这个选举会毫无结果就散会了。

——《马克思恩格斯全集》第 27 卷第 347～352 页

《马克思致恩格斯》

全文约 1100 字。马克思 1851 年 9 月 13 日写于伦敦。信中马克思向恩格斯介绍伦敦的一些事情：赫辛巴赫、济格尔等人都退出了流亡者协会总会。意大利委员会也分裂了。马克思指出，领导意大利宣传活动的人应该大胆地立即使农民从对分制佃农变为自由的土地所有者。如果不是这样，一旦爆发革命，政府会利用加里西亚的办法来进行镇压。而这个运动的领导者马志尼所依靠的是资产者和贵族阶级，所以他不会向马克思说的那样去做。信中说在巴黎事件中被捕的也有施拉姆。

——《马克思恩格斯全集》第 27 卷第 357～358 页

《马克思致恩格斯》

全文约 3800 字。马克思 1851 年 9 月 23 日写于伦敦。信中马克思向恩格斯介绍泰霍夫登在《纽约国家报》上的《未来战争概论。8 月 7 日于伦敦》一文。马克思将此文作了详细的摘要。指出这篇文章真正的主要内容是：在战争结束和俄国失败以前，不会爆发革命，即没有任何党派斗争、国内战争、阶级纷争。但为了组织军队进行战争，需要暴力，这种暴力来自军事独裁者。在泰霍夫的理论里，世界战争就是军人对非军人的统治，至少是暂时的统治。马克思说泰霍夫的这种"美好的愿望"在那些非阶级的政治家和民主派身上找到了相应的政治表现。信后马克思又介绍了一些有关被捕者的情况。

——《马克思恩格斯全集》第 27 卷第 365～371 页

《马克思致恩格斯》

全文约 3000 字。马克思 1851 年 10 月 13 日写于伦敦。奥格斯堡《总汇报》上发表了一篇诽谤马克思的文章，马克思发表声明对此进行了驳斥；马克思还告诉恩格斯，魏德迈已到了纽约，从已在纽约的赖希那里了解到施拉姆的一些情况。金克尔想去美国募款；海因岑在纽约继续办报；施泰翰成了维利希—沙佩尔的侍从；马克思认为豪普特不是密探，但马克思一直没有与他联系上；信中，马克思还介绍了布林德夫妇、哥林盖尔等人的情况；马克思想出版反对蒲鲁东的小册子，但还不知道是否能成功。要求恩格斯把对蒲鲁东《十九世纪革命的总观念》的看法告诉他；当时马克思正在从事政治经济学研究。那一段他一直在图书馆学习工艺学、历史、农学。马克思还询问恩格斯有关商业危机的问题，并介绍了工业博览会的情况，英国人承认美国人在此会上得了头奖。

——《马克思恩格斯全集》第 27 卷第 376～380 页

《马克思致恩格斯》

全文约 2100 字。马克思 1851 年 10 月 19 日写于伦敦。马克思向恩格斯谈论了有关他与哥林盖尔债务纠纷的解决办法。对于豪普特被诬蔑是密探一事，马克思认为它来源于施泰翰－迪茨和维利希。马克思希望尽快与豪普特取得联系，并要他发表声明，揭露这些人的无耻行径。对路易·波拿巴的政变，马克思认为是由于日拉丹的欺骗促成的。马克思认为即使恢复了普选权，波拿巴是否再度当选都是问题。

——《马克思恩格斯全集》第 27 卷第 384～387 页

《马克思致恩格斯》

全文约 1600 字。马克思 1851 年 11 月 24 日写于伦敦。皮佩尔曾答应马克思出版他的《哲学的贫困》，可现在却没有消息了。勒文塔尔打算出版，但出钱少而又不知道是否首先从

"政治经济学史"开始,这样就打乱了马克思的整个出版计划。马克思询问恩格斯这件事该怎么办。他还告诉恩格斯1851年5月被捕的共产主义者同盟的盟员很快就要受审,请求恩格斯给他经济上的援助。对蒲鲁东的《无息信贷。弗·巴师夏先生和蒲鲁东先生的辩论》,马克思说它在浮夸、怯懦、叫喊方面超过了蒲鲁东以往的东西,并说它是用黑格尔的辩证法在巴师夏面前炫耀自己。马克思还打算与恩格斯两人署名出版《对蒲鲁东的〈十九世纪革命的总观念〉一书的批判分析》。

——《马克思恩格斯全集》第 27 卷第 392～394 页

《马克思致恩格斯》

全文约 1300 字。马克思 1851 年 12 月 1 日写于伦敦。马克思告诉恩格斯他的《德国的革命与反革命》一文已在《纽约晚报》上刊登,并获得好评。为了被捕的科伦共产主义者同盟的盟员,马克思要求和恩格斯、鲁普斯等人一起在伦敦和巴黎的报纸上发表文章揭露普鲁士的司法状况。马克思还介绍了有关宪章派成员奥康瑙尔和汉特等人的情况,并告诉恩格斯,由于施泰翰、希尔施、居姆佩尔等人与沙佩尔和维利希发生争吵而拜访了马克思。

——《马克思恩格斯全集》第 27 卷第 398～400 页

《马克思致恩格斯》

全文约 1000 字。马克思 1851 年 12 月 9 日写于伦敦。马

克思说他被巴黎的波拿巴政变事件弄得十分忙乱，正积极地搜集各方面的材料。他责备了维利希、沙佩尔等人只满足于空谈，认为在巴黎政变中，无产阶级保全了自己的力量。政变使法国的局势好转，波拿巴比国民议会和它的将军们要好对付一些。如果选举对波拿巴不利，那他就失去了他的势力。马克思还认为这场政变使流亡者彻底破产，事实表明，这些人在革命中不起任何作用。

——《马克思恩格斯全集》第 27 卷第 405～407 页

《马克思致恩格斯》

全文约 750 字。马克思 1852 年 1 月 24 日写于伦敦。马克思在信中请恩格斯写信给英国报界，揭露科伦案件真相；对《德国的革命与反革命》的写作工作表示满意。他还对法国政府的内讧表示高兴，并揭露了英国资产阶级政治的腐败和虚伪。

——《马克思恩格斯全集》第 28 卷第 11～13 页

《马克思致恩格斯》

全文约 2300 字。马克思 1852 年 2 月 4 日写于伦敦。马克思在信中说维尔特将去荷兰。他还与恩格斯商讨向报界写信揭露科伦案件真相的工作。他在信中还提到了一些侨居英国的欧洲流亡者的消息：哈尼的报纸逐渐庸俗化及他与琼斯之间的互相攻击，科苏特的狂妄和冒险及他与欧洲各国独裁者的勾结等。他还提供了一些商业消息。

——《马克思恩格斯全集》第 28 卷第 16～20 页

《马克思致恩格斯》

全文约 190 字。马克思 1852 年 2 月 6 日写于伦敦。马克思在信中告诉恩格斯收到了《德国的革命与反革命》一文，并说明因时间关系暂缓打听恩格斯所希望了解的李希特尔的情况；他还希望能暂时挪用恩格斯还给皮佩尔的钱。

——《马克思恩格斯全集》第 28 卷第 20～21 页

《马克思致恩格斯》

全文约 1740 字。马克思 1852 年 2 月 23 日写于伦敦。马克思在信中催促恩格斯给他寄去《纽约每日论坛报》，并告诉恩格斯：李希特尔是维利希的亲信。他还谈到琼斯和哈尼竞相用商业广告的方法推销杂志。他介绍了西蒙及其攻击性文章，并坚决反击了其中的诬蔑之词。他评论了当时英国内阁斗争和一些有关路易·波拿巴的传说，还评论了艾韦贝克拙劣的著作。

——《马克思恩格斯全集》第 28 卷第 25～28 页

《马克思致恩格斯》

全文约 1350 字。马克思 1852 年 2 月 27 日写于伦敦。马克思在信中讲述了他在经济上的窘境,提到了他在写作《路易·波拿巴的雾月十八日》。他批判了施蒂纳的著作,并详细描述了 2 月 25 日法国流亡者举办的纪念法国二月革命的宴会,嘲笑了路易·勃朗浅薄庸俗的演讲。

——《马克思恩格斯全集》第 28 卷第 28～29 页

《马克思致恩格斯》

全文约 700 字。马克思 1852 年 3 月 3 日写于伦敦。信中马克思说明收到了恩格斯给美国编辑德纳的文章,还提及恩格斯给《革命》杂志和《论坛报》的邮件被拆一事。他谈到他们与警察局的斗争,并介绍了琼斯对海因岑及休谟、华姆斯莱等人的恰当的批判,还对马志尼的宣言进行了批评。

——《马克思恩格斯全集》第 28 卷第 34～36 页

《马克思致恩格斯》

全文约 1500 字。马克思 1852 年 3 月 30 日写于伦敦。马克思寄去一包有关金克尔等人四处活动的美国新闻材料,并介绍了一些关于欧洲流亡者们的时事消息:科苏特的民主派内部矛盾重重,面临分裂;马志尼大肆攻击社会主义和法国,引起路易·勃朗和赖德律等人庸俗浅薄的论战；各派流亡政客纷纷与列强勾结，进行政治投机；政客们荒淫无耻的生活。马克思表示他将阻止政客们利用混乱谋取私利的阴谋。

——《马克思恩格斯全集》第 28 卷第 40～43 页

《马克思致恩格斯》

全文约 2000 字。马克思 1852 年 4 月 30 日写于伦敦。马克思说德朗克已顺利到达伦敦。他引用了克路斯来信的有关部分评述了维利希等人对他们的诬蔑，并说明维利希·金克尔集团自身正在瓦解。他提到有出版商愿意收买他写的讽刺欧洲流亡者的"人物素描"，就此征求恩格斯的意见，并希望恩格斯提供维利希的有关材料。他还希望恩格斯为赛雷耳梅耶一本书的广告作润色翻译。他还评论了凯里和卢格的著作；评论了琼斯与哈尼的论战；评论了鲍威尔有关议会的荒谬论述。

——《马克思恩格斯全集》第 28 卷第 56～59 页

《马克思致恩格斯》

全文约 1000 字。马克思 1852 年 5 月 6 日写于伦敦。信中马克思谈了金克尔、维利希等人的活动和马志尼、克拉普卡等人的冒险。并说明他正在校订班迪亚翻译的瑟美列的著作，对这本书作了评论。他还商讨了写作《流亡中的大人物》的细节，并介绍商人布吕特纳推销《革命》杂志。

——《马克思恩格斯全集》第 28 卷第 63～65 页

《马克思致恩格斯》

全文约 2200 字。马克思 1852 年 7 月 3 日写于伦敦。马克思此时因为生活负担重并要帮助朋友而陷入困窘的境地，他以此解释了一直没给恩格斯写信的原因。他在信中嘲笑了维利希等人对马克思与恩格斯合著的《流亡中的大人物》一书的恐慌，嘲笑了他们徒劳地为自己的丑闻辩解。他还讲述了金克尔、维利希等人盲目冒险的密谋以及路易·波拿巴与奥尔良复辟派之间的矛盾。最后，为了讽刺维利希的荒淫和虚伪，他还抄录了一首阿雷蒂诺的讽刺诗。

——《马克思恩格斯全集》第 28 卷第 76～80 页

《马克思致恩格斯》

全文约 1450 字。马克思 1852 年 7 月 13 日写于伦敦。马克思在信中抱怨魏德迈很久不和他联系，又分析了英国议会的斗争形势，还讲述了泰霍夫、达姆和维利希等人的活动，并揭露了舍尔瓦尔和雷缪扎等人的密探身份。他利用揭露舍尔瓦尔与普鲁士的勾结推翻了对科伦党人的诬蔑之词，还帮助恩格斯弄到了一批有关匈牙利战争的资料。

——《马克思恩格斯全集》第 28 卷第 82～84 页

《马克思致恩格斯》

全文约 1000 字。马克思 1852 年 7 月 20 日写于伦敦。信中马克思摘录了贝尔姆巴赫写来的信中有关科伦案件的部分，认为科伦案件的受审人的处境很不好。他嘲笑了维利希等人对其丑闻欲盖弥彰的窘态，介绍了克尔德罗瓦和蒲鲁东的著作，并对前者表示欣赏。最后他坦言自己在经济上陷入了窘境。

——《马克思恩格斯全集》第 28 卷第 88～89 页

《马克思致恩格斯》

全文约 2700 字。马克思 1852 年 8 月 6 日写于伦敦。马克思在信中详细记述了他对金克尔的无耻诽谤进行的直接斗争；记述了德美革命公债保证人大会上德国小资产阶级流亡者们互相争权夺利的闹剧。他还谈到由于约翰逊拒绝预支稿费而使他在经济上的处境更加困窘。他还随信转去了克路斯寄来的几封信。

——《马克思恩格斯全集》第 28 卷第 95～100 页

《马克思致恩格斯》

全文约 2750 字。马克思 1852 年 8 月 10 日写于伦敦。信中附有科苏特对美国竞选的秘密通告的抄件。马克思详细报告了 1852 年 8 月 6 日革命公债保证人会议和 8 月 7 日戈克召开的会议的情况，指出在这两次会议上德国小资产阶级流亡者们为了争权夺利，相互之间进行了激烈而庸俗的攻击，但没有取得实质性的成果。

——《马克思恩格斯全集》第 28 卷第 102～106 页

《马克思致恩格斯》

全文约 2800 字。马克思 1852 年 8 月 19 日写于伦敦。信中马克思感谢恩格斯寄来的钱，并为恩格斯研究匈牙利战争开了一个书单。马克思还引用了克路斯的信，对魏德迈在出版发行《路易·波拿巴的雾月十八日》方面的工作上没有什么进展表示很不满。他还批判了海因茨剽窃来的思想；并详细记述了金克尔日趋孤立的窘境；同时介绍了席利与维利希之间的矛盾以及琼斯的近况。马克思还分析了法国农业歉收的消息和投机日益疯狂的市场形势，预言危机和革命正在临近。

——《马克思恩格斯全集》第 28 卷第 108～113 页

《马克思致恩格斯》

全文约 330 字。马克思 1852 年 8 月 27 日写于伦敦。马克思寄去一批信件和材料，并据此评论了金克尔和维利希等人当时的处境和心态。

——《马克思恩格斯全集》第 28 卷第 116～117 页

《马克思致恩格斯》

全文约 2700 字。马克思 1852 年 8 月 30 日写于伦敦。马克思在信中详细描述了当时欧洲流亡者的丑态：金克尔和维利希用欺骗的手段到处拉选票；格贝尔特在德国的马格德堡进行的毫无意义的会议；维利希声誉扫地，被孤立起来；泰霍夫风流成性；皮阿·费利克斯把上帝引入他的纲领；费特尔将军在欧洲到处招摇撞骗；科苏特的冒险计划破产，又与路易·波拿巴勾结起来；波兰民主协会企图依靠列强发动起义等。

——《马克思恩格斯全集》第 28 卷第 117～121 页

《马克思致恩格斯》

全文约 1600 字。马克思 1852 年 9 月 23 日写于伦敦。马克思在信中商讨了翻译《路易·波拿巴的雾月十八日》的工作。他还转去 12 封信，并介绍了欧洲流亡者们的活动：科苏特掉入波拿巴的圈套，又一次尝试冒险；人民同盟和维利希等人到处活动筹款。他还谈到了法、英、德等国的政治动向。他谈论了科伦案件的情况，还谈到琼斯同宪章运动革命派的敌人所作的斗争。

——《马克思恩格斯全集》第 28 卷第 144～146 页

《马克思致恩格斯》

全文约 370 字。马克思 1852 年 10 月 27 日写于伦敦。在信中马克思希望关于科伦案件的抨击性著作能够很快地铅印发行，以引起社会关注。最后马克思还提到了法国的商业危机。

——《马克思恩格斯全集》第 28 卷第 166～167 页

《马克思致恩格斯》

全文约 4000 字。马克思 1852 年 10 月 28 日写于伦敦。马克思在信中用大量的材料证实了科伦案件的真实情况，揭露了普鲁士当局所制造的种种骗局，并对如何对付政府的骗局提出了详细的建议，表达了共产党人坚不可摧的决心。

——《马克思恩格斯全集》第 28 卷第 167～175 页

《马克思致恩格斯》

全文约 2700 字。马克思 1852 年 11 月 10 日写于伦敦。马克思谈到如何对付班迪亚，认为柯尔曼的信可能是班迪亚设的骗局。在谈到科伦案件时，马克思斥责了贝克尔牺牲别人吹嘘自己的无耻；接着谈到戈德海姆的证词所提供的两件事，弄清了格莱夫、弗略里和希尔施是同伙。信中还谈了他们迫使弗略里写声明，玩弄了警察当局的过程。马克思认为科伦的被告将全部被释放。在信末，他还提到赖辛巴赫同维利希和金克尔二人开的一个不愉快的玩笑。

——《马克思恩格斯全集》第 28 卷第 191～196 页

《马克思致恩格斯》

全文约 200 字。马克思 1852 年 11 月 16 日写于伦敦。信中马克思请恩格斯为《论坛报》写一篇关于科伦案件的文章。并告知恩格斯，他们今晚要讨论发给英国报界的科伦案件的声明，希望恩格斯若写这样的声明就寄给他。在信的附言中，马克思还提到科苏特－马志尼未出席在伦敦举行的纪念罗伯特·勃鲁姆的大会却出席了"意大利之友"召开的会议。

——《马克思恩格斯全集》第 28 卷第 196～197 页

《马克思致恩格斯》

全文约 260 字。马克思 1852 年 11 月 19 日写于伦敦。马克思讲述在他的建议下共产主义者同盟伦敦区部解散了。同时希望恩格斯对其《关于最近的科伦案件的最后声明》的补充声明作一些文字修改。并谈到他又发表了一个石印通讯，详细叙述警察当局的卑鄙勾当和向美国发出关于救济科伦被捕者及家属的呼吁书一事。

——《马克思恩格斯全集》第 28 卷第 197～198 页

《马克思致恩格斯》

全文约 2000 字。马克思 1852 年 12 月 3 日写于伦敦。马克思先解释了回信迟的原因，接着谈到准备将《揭露科伦共产党人案件》交给沙贝利茨和克路斯印成小册子出版。在谈到维尔特时，马克思认为他变得很市侩化，太注重名利。信中还谈到马克思就柯尔曼一事给班迪亚写的信。在信末，马克思指出波拿巴帝国即将被金融所毁灭。

——《马克思恩格斯全集》第 28 卷第 202～204 页

《马克思致恩格斯》

全文约 1800 字。马克思 1853 年 1 月 29 日写于伦敦。马克思提到维利希做了金克尔的代理人及金克尔把募集到的一千英镑以自己名义存入银行的事。信中提到他正在用英文写作。马克思对危机的到来作了断言，批驳了《经济学家》颂扬英格兰银行最近关于贴现率的决议中的观点，并对波拿巴的讲演所带来的恐惧表示担心。信末，马克思谈了有关《泰晤士报》的消息。

——《马克思恩格斯全集》第 28 卷第 210～213 页

《马克思致恩格斯》

全文约 1900 字。马克思 1853 年 3 月 10 日写于伦敦。马

克思抄录了沙贝利茨的信，认为《揭露科伦共产党人案件》被普鲁士政府扣留，沙贝利茨是有罪的。马克思请恩格斯写一篇有关土耳其军事和地理的文章。马克思列举了自己对写报纸论文的意见，断言英国的寡头统治必将垮台，并谈到更新党的成员一事。

——《马克思恩格斯全集》第 28 卷第 224～228 页

《马克思致恩格斯》

全文约 2000 字。马克思 1853 年 3 月 22 日或 23 日写于伦敦。马克思抄录了《经济学家》登载的短文《土耳其的作用》，认为英国内阁正为土耳其问题吵闹，托利党的新领袖约翰·帕金顿爵士是一个目光短浅的人，阿伯丁政府正向流亡者找麻烦。在谈到沙贝利茨时，马克思认为他至少想从商业的角度进行欺骗。信末提到法国皇后患了一种有伤大雅的病。

——《马克思恩格斯全集》第 28 卷第 231～235 页

《马克思致恩格斯》

全文约 2500 字。马克思 1853 年 6 月 2 日写于伦敦。马克思附上维利希发表在《新英格兰报》上的声明，并指出应打乱维利希的整个阵脚。马克思引用《大莫卧儿等国游记》中对东方的描写，认为东方一切现象的基础是不存在土地私有制。信末还对《辩论日报》有关俄国与欧洲大陆的断言提出异议。

——《马克思恩格斯全集》第 28 卷第 253～257 页

《马克思致恩格斯》

全文约 3000 字。马克思 1853 年 6 月 14 日写于伦敦。马克思提到皮佩尔的健康每况愈下，卢普夫住进疯人院，以及从《先驱报》上得到的有关卢格和赫尔岑的消息。信中评价了美国经济学家凯里新出版的《国内外的奴隶制》一书，并引用一份议会报告书对村社的描写解释亚洲的停滞性质。

——《马克思恩格斯全集》第 28 卷第 268～273 页

《马克思致恩格斯》

全文约 570 字。马克思 1853 年 6 月 29 日写于伦敦。信中马克思谈到他的妹妹和妹夫的到来，并询问宪章派的琼斯组织群众大会一事。同时谈到克路斯给他的一封信，并对信中所叙述的一些事表示气愤。另外马克思在信中还提到班贝尔格尔向其逼债之事。

——《马克思恩格斯全集》第 28 卷第 273～274 页

《马克思致恩格斯》

全文约 1200 字。马克思 1853 年 9 月 28 日写于伦敦。随信附上魏德迈、克路斯和马志尼的信及维利希的声明，马克思谈了皮佩尔的病情、沃尔弗写给林格斯的信以及对德朗克的怀疑，还谈了布林德写来的信以及围绕巴枯宁展开的一场争论。

——《马克思恩格斯全集》第 28 卷第 293～296 页

《马克思致恩格斯》

全文约 270 字。马克思 1853 年 10 月 12 日写于伦敦。马克思希望恩格斯能为其写一篇政治方面的文章，主题是危机将加速推翻波拿巴制度，并对此提供了大量关于社会危机、经济危机状况的素材和自己的看法。

——《马克思恩格斯全集》第 28 卷第 302～303 页

《马克思致恩格斯》

全文约 600 字。马克思 1853 年 11 月 2 日写于伦敦。马克思谈到有关土军占领卡拉法特时渡过多瑙河的情况，要恩格斯寄一篇有关文章。信中还谈到《论坛报》近来经常采取并吞政策，以及自己对帕麦斯顿的研究结论。信末，马克思还谈了《纽约问询报》反对恩格斯的社论。

——《马克思恩格斯全集》第 28 卷第 306～307 页

《马克思致恩格斯》

全文约 300 字。马克思 1853 年 11 月 6 日写于伦敦。随信附上海因岑反对马克恩和共产主义的文章，以及克路斯的一封信，征询恩格斯的意见。

——《马克思恩格斯全集》第 28 卷第 307～308 页

《马克思致恩格斯》

全文约 270 字。马克思 1853 年 11 月 21 日写于伦敦。随信附上鲁普斯的汇票和维利希的文章,马克思对恩格斯写的《土耳其战争的进程》表示感谢,并请恩格斯寄来涉及马克思的声明。

——《马克思恩格斯全集》第 28 卷第 308～309 页

《马克思致恩格斯》

全文约 760 字。马克思 1853 年 12 月 2 日写于伦敦。马克思谈了德朗克的卑鄙行为,以及他的答复《高尚意识的骑士》。信中还谈到波兰人大会的有关情况。

——《马克思恩格斯全集》第 28 卷第 311～312 页

《马克思致恩格斯》

全文约 1400 字。马克思 1853 年 12 月 14 日写于伦敦。马克思为不能与恩格斯在一起表示遗憾。信中提到《帕麦斯顿勋爵》的有关情况,建议恩格斯利用文章在伦敦报界赢得地位。信中还谈到《论坛报》据别人文章为己有的行为,并请恩格斯寄几篇短文来。随信附上尤塔的建议。

——《马克思恩格斯全集》第 28 卷第 314～316 页

《马克思致恩格斯》

全文约 310 字。马克思 1854 年 1 月 5 日写于伦敦。马克思在信中告知恩格斯因病不能完成给《论坛报》的三篇文章，希望恩格斯为其写一篇。并对俄国战局计划表示关心。还提及约瑟夫·波拿巴的回忆录已出版三卷；德纳不愿在报上刊登署名马克思的文章以有损报纸"声望"，并告知恩格斯的军事文章反应强烈。

——《马克思恩格斯全集》第 28 卷第 317～318 页

《马克思致恩格斯》

全文约 1000 字。马克思 1854 年 1 月 18 日写于伦敦。信中马克思分析了沃耳特尼察会战，认为外交界的阴谋家陷入了自己设下的罗网，一场全面的战争已迫在眉睫。还提到恩格斯的《炮兵中尉拿破仑》的出版事宜以及魏德迈把《高尚意识的骑士》拖延下来一事。

——《马克思恩格斯全集》第 28 卷第 319～321 页

《马克思致恩格斯》

全文约 1200 字。马克思 1854 年 1 月 25 日写于伦敦。信中马克思认为战争有可能避免，并请恩格斯发表对切塔特会战的意见。还提到他的内兄认为会爆发大战。信中马克思还谈到

115

科布顿在演说中丢了脸，皮佩尔总干蠢事，他又陷入经济困境。并与恩格斯商议了他的抨击安吉阿尔－斯凯莱西条约的文章，同时表达了自己想与恩格斯合写关于康德以来的德国哲学史方面文章的愿望。

——《马克思恩格斯全集》第 28 卷第 321～324 页

《马克思致恩格斯》

全文约 1100 字。马克思 1854 年 3 月 29 日写于伦敦。信中马克思抱怨皮佩尔成了他的累赘，并询问了鲁普斯遭劫一事的详情。还提到拉萨尔的文章；西摩尔于 1853 年初同尼古拉一世就土耳其问题所进行的谈判的秘密公文和乌尔卡尔特的文章。同时谈到土耳其军队的情况和恩格斯的关于俄军从卡拉法特撤退的文章。在信的最后，马克思讲述了伦敦和巴黎已发生众多破产事件及法国发明了一种毁灭性武器之事。在信的附言中马克思向恩格斯推荐了《奥斯曼帝国史》一书。

——《马克思恩格斯全集》第 28 卷第 331～333 页

《马克思致恩格斯》

全文约 1000 字。马克思 1854 年 4 月 4 日写于伦敦。信中，马克思首先指责魏德迈一贯使朋友陷于困境。同时，他认为关于《每日新闻》的消息很好，并希望恩格斯尽快离开曼彻斯特。他还要求恩格斯利用为《每日新闻》撰稿而与之配合，使其保住在《论坛报》的位置。他还提到了一个叫皮佩尔的青年，并讲述了他的近况。信的最后，他指责了华盛顿·威尔克斯及其著作《三个时代的帕麦斯顿》，并认为威尔克斯是个剽窃者。他还提到了关于内阁"背叛"的议论在流传。

——《马克思恩格斯全集》第 28 卷第 336～338 页

《马克思致恩格斯》

全文约 500 字。马克思 1854 年 4 月 19 日写于伦敦。信中马克思讲述了席梅尔普芬尼希对恩格斯一篇军事文章的看法，并希望恩格斯替其写一篇文章对席梅尔普芬尼希进行抨击。在信中，马克思还提到中央委员会拥有巨额资金和赖德律的发展预测以及席利等人的去向。

——《马克思恩格斯全集》第 28 卷第 339～340 页

《马克思致恩格斯》

全文约 1500 字。马克思 1854 年 4 月 22 日写于伦敦。信中马克思谈及了对《每日新闻》一事的看法，分析了《每日新闻》的近况，并建议恩格斯改向《泰晤士报》投稿。同时他也打算要求提高稿酬以缓解经济负担。信中马克思还分析了被攻击为"乌尔卡尔特分子"的情况。最后，他讲到了他对皮佩尔的看法。

——《马克思恩格斯全集》第 28 卷第 344～347 页

《马克思致恩格斯》

　　全文约 1600 字。马克思 1854 年 5 月 3 日写于伦敦。信中马克思认为应让海泽独立生活，让其定期给《改革报》写文章才能拯救他。他还认为恩格斯的军事文章很成功，并在不断地为事实所证明。马克思还提到他在《论坛报》上发表了一篇谴责土耳其人保存基督教的文章，他目前正在攻读近代希腊史和西班牙文以及阅读了一本关于意大利的书后的感受。最后马克思指出只要有"真正的"知识就可击败乌尔卡尔特的军事文章。

　　　　　　——《马克思恩格斯全集》第 28 卷第 353～356 页

《马克思致恩格斯》

　　全文约 1300 字。马克思 1854 年 7 月 22 日写于伦敦。在信中马克思首先讲到了自己经济的拮据，又讲到他打算写一点关于土耳其军事的东西，其内容包括四个方面：关于亚洲的丑事；最近在多瑙河上发生的俄土之战；关于俄军总数；关于英法军队的前进路线。最后马克思回答了恩格斯提出的一首宗教诗歌的情况。

　　　　　　——《马克思恩格斯全集》第 28 卷第 376～379 页

《马克思致恩格斯》

全文约 2400 字。马克思 1854 年 7 月 27 日写于伦敦。信中马克思讲述了迪斯累里戳穿了赫伯特的吹嘘之辞；皮佩尔又来拖累他。对塔克尔要《论坛报》的文章，马克思提出了三点有关文章内容和稿酬的建议。此外，马克思还谈到对梯叶里的《第三等级的形成和发展史概论》一书很感兴趣，并分析了书中的一些观点，认为梯叶里不应在 1789 年以前第三等级的历史中寻找资产阶级与无产阶级的对立。同时对书中涉及的法国资产阶级对议会和官僚机构的影响与对这个阶级发展的描述部分给予肯定，并赞扬了梯叶里关于 12 世纪城市运动的阐明。

——《马克思恩格斯全集》第 28 卷第 379～384 页

《马克思致恩格斯》

全文约 700 字。马克思 1854 年 9 月 2 日写于伦敦。信中马克思提到海泽已当了教师，燕妮可能怀孕了，他想再写一篇关于土耳其的文章。信中还提到自己在研究西班牙的情况，德朗克正热衷于对施特芬的探讨以及马克思对施特芬的看法。

——《马克思恩格斯全集》第 28 卷第 387～388 页

《马克思致恩格斯》

全文约 1200 字。马克思 1854 年 10 月 10 日写于伦敦。信中马克思首先称赞了恩格斯的文章。其次讲述了圣阿尔诺之死。他还对英军的行动表示怀疑。同时还对他的竞争者普尔斯基的文章进行了分析。最后马克思谈到李卜克内西的婚事和一个可笑的官司，并请恩格斯为其找一本书。

——《马克思恩格斯全集》第 28 卷第 393～395 页

《马克思致恩格斯》

全文约 2200 字。马克思 1854 年 10 月 17 日写于伦敦。信中马克思赞扬了恩格斯对俄国的分析并进一步提出了问题。同时分析了英法的战略意图和历史上的秘密外交及英法下一步的行动。还讲述了他对西班牙研究的结果。最后马克思提到皮佩尔换了工作，自己又在生活上陷入困境。

——《马克思恩格斯全集》第 28 卷第 396～400 页

《马克思致恩格斯》

全文约 2500 字。马克思 1854 年 10 月 26 日写于伦敦。信中马克思讲述了在研究西班牙问题时，对沙多勃利昂的认知：将 18 世纪的怀疑主义和伏尔泰主义同 19 世纪的感伤主义和浪漫主义结合起来，其政治活动可在自己的《维罗那会议》一书中得到体现。维罗那会议后，沙多勃利昂成了法国的外交大臣，领导了对西班牙的干涉。他还揭露了沙多勃利昂的欺骗手段，表示了对他的蔑视。

——《马克思恩格斯全集》第 28 卷第 401～406 页

《马克思致恩格斯》

全文约 650 字。马克思 1854 年 11 月 30 日写于伦敦。信中马克思希望恩格斯将德纳给他的信寄回，并指出恩格斯由于粗心使写成的文章缺了页。还提到他又陷入弗罗恩德医生讨债的困境。最后谈到他已经收到《墨西哥战争》一书，并认为此书写得很好。又通过与《征服墨西哥》一书的对比，得出泰勒和司各脱都很平庸的结论。

——《马克思恩格斯全集》第 28 卷第 410～411 页

《马克思致恩格斯》

全文约 1800 字。马克思 1854 年 12 月 2 日写于伦敦。信中马克思讲到了他与弗罗恩德的债务关系；为得到更多的稿酬而打算为拉萨尔推荐的《新奥得报》撰稿。马克思还请恩格斯了解一下琼斯在巴尔贝斯的事情上所耍的手腕和他所作的反波拿巴的宣传。还讲述了对泰勒和司各脱的看法及对司各脱的指责，认为墨西哥战争的胜利是由于美国人的独立感和个人勇气，认为西班牙人则退化了，墨西哥人是退化了的西班牙人。

——《马克思恩格斯全集》第 28 卷第 412～415 页

《马克思致恩格斯》

全文约 800 字。马克思 1854 年 12 月 15 日写于伦敦。信中马克思对恩格斯的即将到来表示高兴，同时对巴特米尔案件的结局作了评论。他还向恩格斯介绍了因经济原因而为《新奥得报》写通讯的计划，以及因此而影响去图书馆搞研究的矛盾心情。另外他还对里普利及布林德的描写墨西哥战争的书作了评价。

——《马克思恩格斯全集》第 28 卷第 417～418 页

《马克思致恩格斯》

全文约 1100 字。马克思 1855 年 2 月 13 日写于伦敦。信中马克思提到，他得了眼病，燕妮恢复较慢。还谈到赫尔岑的一封信，并提到他拒绝接受国际委员会的邀请及其理由，他还批评琼斯干的蠢事会引起宪章派的分裂。最后谈到报上的两条消息。

——《马克思恩格斯全集》第 28 卷第 432～434 页

《马克思致恩格斯》

全文约 350 字。马克思 1855 年 6 月 26 日写于伦敦。信中马克思讲到与恩格斯合作写文章的事，并帮助恩格斯找了关于西班牙军队的资料。他建议恩格斯找维尔特当中间人去找出版商。最后讲到海德公园将有革命示威，也提到他正患牙疼一事。

——《马克思恩格斯全集》第 28 卷第 446～447 页

《马克思致恩格斯》

全文约 800 字。马克思 1855 年 7 月 17 日写于伦敦。信中马克思讲到与恩格斯商量给《论坛报》写文章之事，讲述埃德加尔等人在美国的生活，结论是德侨在那里生活不好。并谈及德朗克、伊曼特的去向。附上拉萨尔的信、赛雷迪的《亚细亚的领袖们》以及此人的信和弗洛伦库尔的信件。

——《马克思恩格斯全集》第 28 卷第 450～452 页

《马克思致恩格斯》

全文约 400 字。马克思 1855 年 8 月 7 日写于伦敦。信中马克思说明了全家仍在坎柏威尔，介绍了丹尼尔斯等人的情况，以及他写的关于约翰·罗素升迁的三篇文章。他认为波拿巴窃取法国，又将它再赠给法国。最后他还询问了恩格斯对奥地利军队在意大利集结的看法。

——《马克思恩格斯全集》第 28 卷第 452～453 页

《马克思致恩格斯》

全文约 1100 字。马克思 1855 年 12 月 7 日写于伦敦。信中马克思指出，他现在出门是冒险的，美国也没有回信。还谈到《警钟报》断言在美国的德国人是功利主义者以及赫尔岑与其反对者之间发生争吵。谈到丽娜讲述了科伦案件的新细节。还谈到毕尔格尔斯·弗罗恩德等人的情况。最后讲到李卜克内西见过米尔巴赫一事。

——《马克思恩格斯全集》第 28 卷第 459～461 页

《马克思致恩格斯》

全文约 1100 字。马克思 1855 年 12 月 14 日写于伦敦。信中马克思坦言他厌烦了拘禁在家的生活。讲到埃德加尔·鲍威尔与布鲁诺到了他家，并讲述布鲁诺的情况以及布鲁诺对英、德的看法和对语言的研究。他谈到德国出版界的情况以及科本、鲁腾堡、贝尔根罗特的情况，他认为卡尔斯已陷落。最后他还谈到《先驱报》、《泰晤士报》的消息和文章。

——《马克思恩格斯全集》第 28 卷第 464～466 页

《马克思致恩格斯》

全文约 1200 字。马克思 1856 年 1 月 18 日写于伦敦。马克思指出了布鲁诺·鲍威尔的"浪漫情调"只是表明他本人思想的麻木程度，并揭露了他想在英国传播德国已不复存在的"科学的神学"的企图。同时，马克思把乌尔卡尔特的《宪章运动通讯》一文寄给恩格斯，指出乌尔卡尔特对"宪章运动"

历史的揭露及对其领导人的诬蔑，"暴露出自己是英国的警探"。

——《马克思恩格斯全集》第 29 卷第 5～7 页

《马克思致恩格斯》

全文约 2660 字。马克思 1856 年 2 月 12 日写于伦敦。马克思为了制定革命策略，特别研究了 18 世纪的俄英关系，从这一时期的小册子、书信集、外交条约、备忘录、回忆录和历史著作以及关于英国、瑞典、俄国历史的著作中收集了大量的材料。同时还利用所发现的历史资料，对 17 世纪末 18 世纪初英国托利党和辉格党的对外政策作出了评价，认为"出卖是不言而喻的"，只是出卖的对象不同而已。

——《马克思恩格斯全集》第 29 卷第 11～15 页

《马克思致恩格斯》

全文约 2380 字。马克思 1856 年 2 月 29 日写于伦敦。马克思向恩格斯介绍了多勃罗夫斯基和赫弗特尔的两部著作，并提出为恩格斯找一本《伊戈尔远征记》，同时也对斯拉夫人的历史和文学进行了研究。此外，马克思无情地批判了海泽、卢格、梅因等小资产阶级流亡者的假革命的活动。

——《马克思恩格斯全集》第 29 卷第 18～23 页

《马克思致恩格斯》

全文约 4780 字。马克思 1856 年 3 月 5 日写于伦敦。马克思继续谈到斯拉夫人的历史和文学，指出《伊戈尔远征记》具有英雄主义的史诗性质。同时，马克思揭露了普鲁士自由资产阶级的妥协性：一心想同普鲁士容克地主联合而无力对君主制度采取坚决的革命行动。此外，还谈到杜塞尔多夫的工人代表勒维所介绍的有关拉萨尔和莱茵省工人运动的情况，表明了自己对反动时期无产阶级政党对德国工人运动的策略的看法，指出各国无产阶级有必要一致行动。

——《马克思恩格斯全集》第 29 卷第 23～31 页

《马克思致恩格斯》

全文约 1730 字。马克思 1856 年 3 月 25 日写于伦敦。马克思征求恩格斯对"关于卡尔斯的蓝皮书"的意见，认为尽管其中有很大一部分是纯军事的，但在政治和外交方面也是相当重要的，因为正是由于对卡尔斯的"争执使得有利的战机不可挽回地丧失了"。

——《马克思恩格斯全集》第 29 卷第 33～36 页

《马克思致恩格斯》

全文约 2060 字。马克思 1856 年 4 月 10 日写于伦敦。马

克思就卡尔斯的陷落揭露了英法对盟国土耳其背信弃义的行径，并指出琼斯独揽宪章运动领导权的倾向势必引起宪章派的严重不满，从而不可能使英国争取人民宪章的斗争在现有条件下重新高涨。此外，马克思指出，普遍的金融危机是不可避免的；并谈到了皮佩尔的情况。

　　　　　　——《马克思恩格斯全集》第 29 卷第 37～40 页

《马克思致恩格斯》

　　全文约 450 字。马克思 1856 年 4 月 26 日写于伦敦。马克思就米凯尔信中关于无产阶级政党在即将到来的德国革命中对待资产阶级的态度问题征求恩格斯的意见。同时还赞扬了"玛丽安娜"的拥护者及佩尔坦抨击波拿巴政权的行动。

　　　　　　——《马克思恩格斯全集》第 29 卷第 49～50 页

《马克思致恩格斯》

　　全文约 860 字。马克思 1856 年 5 月 8 日写于伦敦。马克思就米凯尔一事同恩格斯和鲁普斯交换意见，并表示可能会做一次旅行。同时还指出，科伦和杜塞尔多夫的工人在领导权方面发生了一定的争执。此外，马克思谈到了《人民报》和《自由新闻》，也即宪章派和乌尔卡尔特派之间的激烈斗争以及戴勒尔、皮佩尔等人的情况。

　　　　　　——《马克思恩格斯全集》第 29 卷第 51～53 页

《马克思致恩格斯》

全文约 1450 字。马克思 1856 年 5 月 16 日写于伦敦。马克思寄去了恩格斯所需要的文件和材料，并介绍了自己应邀参加《人民报》创刊四周年纪念会的情况。同时，马克思针对德国革命运动的前景，提出了一条重要的原则：要取得无产阶级革命的胜利，工人阶级必须和农民结成联盟。此外，马克思嘲笑了谢尔策尔的"行会狭隘精神"。

——《马克思恩格斯全集》第 29 卷第 44～48 页

《马克思致恩格斯》

全文约 1230 字。马克思 1856 年 9 月 26 日写于伦敦。马克思询问恩格斯对金融市场情况的看法，并指出，贴现率的提高总是在加速巨额投机活动的崩溃，一场大的金融危机不会迟于 1857 年冬天，而危机所具有的前所未有的全欧规模使得"动员我们的人的日子不远了"，从而预言了革命形势的即将到来。此外，马克思谈到弗莱里格拉特、奥姆斯特德的情况。还表示准备写一些军事方面的文章。

——《马克思恩格斯全集》第 29 卷第 71～73 页

《马克思致恩格斯》

全文约 1140 字。马克思 1856 年 10 月 30 日写于伦敦。马

克思高度评价了恩格斯的《圣阿尔诺》一文，并批判性地介绍了《欧洲均势中的波兰氏族》一书的结尾部分，指出农奴制纯粹是按经济的途径产生的。同时还指出了资本主义在德国的迅速发展，工业和银行股份企业的数量都在日益增加。此外，马克思还谈到自己和恩格斯的文章受到俄国大使馆的直接监督和检查。

——《马克思恩格斯全集》第 29 卷第 78~80 页

《马克思致恩格斯》

全文约 1650 字。马克思 1857 年 3 月 18 日写于伦敦。马克思指出，由于世界经济危机破坏了英国的工业，英国资产阶级和无产阶级的矛盾日益加剧，广大群众的不满不断增长，以及辉格党和托利党在这段时期的相继垮台，英国国内很可能会发生政治危机，出现革命的形势。

——《马克思恩格斯全集》第 29 卷第 105~108 页

《马克思致恩格斯》

全文约 550 字。马克思 1857 年 5 月 8 日写于伦敦。马克思嘲笑了拉萨尔的虚荣心和皮佩尔的"蠢行"。并请恩格斯写一些关于波斯或中国的军事方面的文章。此外，马克思指出，动产信用公司的状况已揭露了法国衰落的迹象。

——《马克思恩格斯全集》第 29 卷第 127~129 页

《马克思致恩格斯》

全文约950字。马克思1857年9月25日写于伦敦。马克思高度评价了军队的作用和地位。指出，"军队在经济的发展中起着重要的作用"。"军队的历史非常明显地概括了市民社会的全部历史"。这表明，"我们对生产力和社会关系之间的联系的看法是正确的"。此外，马克思赞扬了恩格斯所写的《军队》条目，但又指出了这一条目中没有阐明的一些问题。

——《马克思恩格斯全集》第29卷第183～184页

《马克思致恩格斯》

全文约1400字。马克思1857年10月20日写于伦敦。马克思告诫恩格斯要遵从医嘱。并指出了美国经济危机对法国工业的影响，同时还开列了波拿巴经济的一些数据。此外，马克思还向恩格斯提供了一份英国向印度派遣部队的详细材料。

——《马克思恩格斯全集》第29卷第189～193页

《马克思致恩格斯》

全文约1980字。马克思1857年11月24日写于伦敦。马克思继续同恩格斯讨论经济危机问题，并谈到施特芬、德朗克、贝克尔、毕尔格尔斯等人的情况。马克思还批评了琼斯在政治上的失策、独揽组织领导权以及在思想上对激进资产阶级代表让步的妥协倾向，指出，宪章主义者应该直接在工人群众中进行宣传。

——《马克思恩格斯全集》第 29 卷第 208～211 页

《马克思致恩格斯》

全文约 2010 字。马克思 1857 年 12 月 8 日写于伦敦。马克思谈到自己正根据 15 年来积累的经济资料进行政治经济学的研究，以在"洪水"之前至少把一些基本问题弄清楚。同时提到自己为《论坛报》撰写的《1844 年的英格兰银行法和英国的金融危机》一文。此外，马克思还指出，"欧洲只是勉强幸免于逼在眼前的危机"，而在法国最有可能出现由危机引发的革命。

——《马克思恩格斯全集》第 29 卷第 215～219 页

《马克思致恩格斯》

全文约 750 字。马克思 1857 年 12 月 18 日写于伦敦。马克思谈到自己正在进行政治经济学原理的写作和研究当前危机的工作，指出前一项工作是"非常必要"的，"它可以使公众认清事物的实质"。并表示想同恩格斯合写一本关于危机问题的小册子。此外，马克思还注意到法国经济和政治生活中的一切变化，认为"这个破产的国家"已经普遍腐化了。

——《马克思恩格斯全集》第 29 卷第 226～227 页

《马克思致恩格斯》

全文约 1140 字。马克思 1858 年 1 月 7 日写于伦敦。马克思批评了皮佩尔的空虚和无所事事以及海因岑的自我吹嘘。并给恩格斯寄去了有关英国贸易平衡及其进出口价值的统计资料。同时揭露了动产信用公司的投机勾当。此外，马克思还指出，危机的暂时平息有利于党的利益。

——《马克思恩格斯全集》第 29 卷第 245～247 页

《马克思致恩格斯》

全文约 1200 字。马克思 1858 年 1 月 14 日写于伦敦。马克思指出，英国的殖民地及其附属国反抗英国殖民者扩张的斗争，会在一定程度上削弱英国统治阶级的地位，并促使国内政治危机的成熟。同时，马克思谈到自己在政治经济学方面取得了"很好的进展"，"已经推翻了迄今为止的全部利润学说"，指出巴师夏的《经济的谐和》一书是"集庸俗之大成"的作品，表示希望有时间来简述黑格尔逻辑学方法中所存在的合理的东西。此外，马克思还表示希望琼斯迷途知返，以维护他作为工人领袖的威信。马克思还谈到《论坛报》稿酬偏低的问题。

——《马克思恩格斯全集》第 29 卷第 249～251 页

《马克思致恩格斯》

全文约 700 字。马克思 1859 年 1 月 13—15 日写于伦敦。马克思谈到《政治经济学批判》手稿可能寄给敦克尔的日期，并告诉恩格斯手稿的大致内容。指出，虽还未涉及资本的内容，但全书的内容都十分严肃、科学。此外，马克思还谈到自己准备修改和补充恩格斯的《欧洲的金融恐慌》一文。

——《马克思恩格斯全集》第 29 卷第 369～370 页

《马克思致恩格斯》

全文约 2150 字。马克思 1858 年 2 月 1 日写于伦敦。马克思告诉恩格斯新确定的"B"字头条目，并谈到已准备好了大部分的材料。同时，马克思批判了拉萨尔的《爱非斯的晦涩哲人赫拉克利特的哲学》一书，认为这是"一部非常无聊的作品"，是用老年黑格尔派的精神写就的。此外，马克思谈到了对货币的看法。

——《马克思恩格斯全集》第 29 卷第 261～264 页

《马克思致恩格斯》

全文约 1140 字。马克思 1858 年 3 月 2 日写于伦敦。马克思为了探讨工业再生产的周期，对机器磨损问题进行了研究，同时请恩格斯告诉自己关于更新一次机器设备的平均间隔时间。此外，马克思还提醒恩格斯注意他们的信件被警察暗中检查。

——《马克思恩格斯全集》第 29 卷第 278～280 页

《马克思致恩格斯》

全文约 1580 字。马克思 1858 年 3 月 5 日写于伦敦。马克思感谢恩格斯对机器设备的说明，并指出，恩格斯提供的数字，为工业再生产的周期"规定了一个计量单位"，"在大工业直接的物质先决条件中找到一个决定再生产周期的因素"。同时，马克思还就流动资本的分配等问题向恩格斯请教并交换意见。此外，马克思还评论了李嘉图、亚当·斯密和图克等经济学家，认为图克是"英国的最后一个多少还有点出色的经济学家"。

——《马克思恩格斯全集》第 29 卷第 284～287 页

《马克思致恩格斯》

全文约 590 字。马克思 1858 年 4 月 29 日写于伦敦。马克思强调了在俄国开展农奴解放运动的重要意义，认为它将根本改变国家的社会政治制度，结束沙皇政府的反革命对外政策。同时，马克思还指出了工人对路易·勃朗的不信任。此外，马克思谈到自己身体状况的恶化和原因。

——《马克思恩格斯全集》第 29 卷第 310～313 页

《马克思致恩格斯》

全文约 1030 字。马克思 1858 年 5 月 31 日写于伦敦。马克思谈到自己已能开始工作，正在着手准备《政治经济学批判》第一分册手稿的付印，并请恩格斯设法汇来一些钱以购买麦克拉伦刚出版的《通货简史》一书，完成自己的著作。此外，马克思还谈到克路斯、佩利西埃、普尔斯基、布林德、科苏特等人的活动。并告诉恩格斯，自己已去信批评了拉萨尔的作品。

——《马克思恩格斯全集》第 29 卷第 315～317 页

《马克思致恩格斯》

全文约 350 字。马克思 1858 年 6 月 7 日写于伦敦。马克思征求恩格斯和鲁普斯对拉萨尔应否同意决斗一事的意见；并表示，在目前的历史条件下，革命派不应该进行愚蠢的私人决斗。此外，马克思谈到了科西迪耶尔、戴勒尔、海泽等人的情况。

——《马克思恩格斯全集》第 29 卷第 318～319 页

《马克思致恩格斯》

全文约 840 字。马克思 1858 年 11 月 29 日写于伦敦。马克思高度评价了恩格斯的《1858 年的欧洲》，并谈到自己近来对波拿巴的研究。同时解释了手稿迟迟未能寄出的原因，以及自己目前的写作情况。此外，马克思还嘲笑了鲍威尔和弗莱里格拉特的"革命"虚荣心。

——《马克思恩格斯全集》第 29 卷第 357～359 页

《马克思致恩格斯》

全文约 900 字。马克思 1858 年 12 月 11 日写于伦敦。马克思痛斥了金克尔和弗莱里格拉特装腔作势的虚伪行为，并指责了金克尔夫人的造作行为，同时还指出，小资产阶级流亡者又开始频繁活动起来。此外，马克思还谈到了自己妻子的情况以及她对一些问题的评价。

——《马克思恩格斯全集》第 29 卷第 359～361 页

《马克思致恩格斯》

全文约 60 字。马克思 1859 年 1 月 26 日写于伦敦。马克思谈到已寄走了《政治经济学批判》的手稿，并为《论坛报》写了一篇经济评论。

——《马克思恩格斯全集》第 29 卷第 372 页

《马克思致恩格斯》

全文约 170 字。马克思 1859 年 1 月 28 日写于伦敦。马克思谈到自己写了关于法国国内政治的文章，并请恩格斯写一篇关于曼彻斯特工业展望的文章。同时称赞恩格斯给弗莱里格拉特的信"写得绝妙"。

——《马克思恩格斯全集》第 29 卷第 374 页

《马克思致恩格斯》

全文约 260 字。马克思 1859 年 2 月 21 日写于伦敦。马克思谈到自己正在整理《资本》一章，并计划把它作为《政治经济学批判》第二分册出版。告诉恩格斯自己准备写评工厂视察员报告的文章，同时谈到正在找人出《政治经济学批判》的英文版。

——《马克思恩格斯全集》第 29 卷第 382 页

《马克思致恩格斯》

全文约 2750 字。马克思 1859 年 2 月 25 日写于伦敦。马克思在信中指出：自己的货币分析间接地给了拉萨尔"当头一棒"，"打得他显然是晕头转向了"。同时马克思把拉萨尔为《赫拉克利特》写的一个长注转抄给恩格斯，认为这不能起任何作用。并严厉地斥责了李嘉图的货币理论，也即由休谟和孟德斯鸠创立的"货币数量说"。此外，马克思认为，拉萨尔会为恩格斯写的小册子找到出版商的。

——《马克思恩格斯全集》第 29 卷第 384～388 页

《马克思致恩格斯》

全文约 850 字。马克思 1859 年 3 月 10 日写于伦敦。马克思赞扬了恩格斯所写的《波河与莱茵河》，并提出了一些建议，同时请恩格斯为《政治经济学批判》拖延出版一事写信给拉萨尔。此外，马克思还指出，战争必定发生，外交只不过是战争前的需要而已。

——《马克思恩格斯全集》第 29 卷第 391～393 页

《马克思致恩格斯》

全文约 2800 字。马克思 1859 年 4 月 22 日写于伦敦。马克思向恩格斯介绍 4 月 18 日英国议会辩论的内容，并告诉恩格斯已对其《战争逼近的征兆——德国的扩军备战》一文根据最新消息作了补充和修改。同时，马克思谈到了福格特和布林德的活动。

——《马克思恩格斯全集》第 29 卷第 404～408 页

《马克思致恩格斯》

全文约 1620 字。马克思 1859 年 5 月 6 日写于伦敦。马克思分析了法、奥战争的前景并指出无论哪一方失败都对革命有利；但马克思也指出革命被镇压的可能性。同时，马克思还分析了帕麦斯顿上台的可能性以及上台后所带来的后果。此外，马克思还谈到他的新工作报酬的问题。

——《马克思恩格斯全集》第 29 卷第 408~411 页

《马克思致恩格斯》

全文约 4480 字。马克思 1859 年 5 月 18 日写于伦敦。马克思建议共同发表一个宣言，来阐述无产阶级的革命策略和对战争的态度，批判拉萨尔所维护的德国中立的立场。马克思指出，拉萨尔的《意大利战争和普鲁士的任务》是错误和有害的，它在实际上是为波拿巴和普鲁士政权的政策进行辩护。在马克思看来，德国的参战必将引起俄国的干涉，从而调动起德国、意大利和法国的革命力量，推动革命运动和民族解放运动的发展。同时，马克思介绍了在伦敦的德国各党派的情况，对它们提出了批评意见。此外，还详细叙述了《人民报》的创办经过，指出必须参加这个报纸以便发表自己的观点。

——《马克思恩格斯全集》第 29 卷第 412~419 页

《马克思致恩格斯》

全文约 1150 字。马克思 1859 年 6 月 7 日写于伦敦。马克思感谢恩格斯对《政治经济学》一书的赞扬。并谈到敦克尔已承认拖延了出书时间。同时还谈到《人民报》的发行情况。此外，马克思还谈到了金克尔、弗莱里格拉特、福格特、李卜克内西等人的情况。

——《马克思恩格斯全集》第 29 卷第 429~431 页

《马克思致恩格斯》

　　全文约 1240 字。马克思 1859 年 7 月 14 日写于伦敦。马克思解释他没有写信的原因。并谈到《人民报》的混乱状态，认为自己无论如何必须更多地插手小报的工作，以使《人民报》维持并发展下去。同时还评述了法奥和约的影响，指出德国除了激烈的革命外，没有别的出路。

　　　　　　——《马克思恩格斯全集》第 29 卷第 433~435 页

《马克思致恩格斯》

　　全文约 280 字。马克思 1859 年 7 月 18 日写于伦敦。马克思表示想写一点关于俄国的东西，并请恩格斯写一些意大利战役的军事总结文章，同时还指出必须争取时间，以免收入下降。此外，马克思谈到鲍威尔的恫吓，并询问恩格斯是否见到《政治经济学批判》一书的广告。

　　　　　　——《马克思恩格斯全集》第 29 卷第 437 页

《马克思致恩格斯》

　　全文约 1000 字。马克思 1859 年 7 月 19 日写于伦敦。马克思谈到自己和恩格斯应针对波拿巴写一些抨击性文章。并指出了比斯康普的虚荣心，同时还谈到有关文件、《公文集》、《人民报》的情况。此外，马克思又请恩格斯写一篇《政治经济学批判》的书评，并提出了一些要点。

——《马克思恩格斯全集》第 29 卷第 441～442 页

《马克思致恩格斯》

全文约 1090 字。马克思 1859 年 7 月 22 日写于伦敦。马克思谈到《人民报》的经营状况，并询问恩格斯是否同意写一篇《政治经济学批判》书评，以指出这本书的真正意义，并为书评提供了两个要点。此外，马克思对恩格斯的《意大利战争——二》提出了意见。

——《马克思恩格斯全集》第 29 卷第 444～446 页

《马克思致恩格斯》

全文约 700 字。马克思 1859 年 8 月 13 日写于伦敦。在信中马克思谈到《人民报》继续存在的经费与管理不善问题，因而进行了一些整顿。并希望恩格斯近日内把《政治经济学批判》第一分册的书评《卡尔·马克思〈政治经济学批判〉——二》寄来。

——《马克思恩格斯全集》第 29 卷第 455～456 页

《马克思致恩格斯》

全文约 450 字。马克思 1859 年 9 月 21 日写于伦敦。马克思谈到自己生活十分拮据，希望恩格斯给予帮助。信中询问恩

格斯是否见到敦克尔出版的《政治经济学批判》第一分册的广
告，以便同敦克尔交涉第二分册的出版事宜。

——《马克思恩格斯全集》第 29 卷第 459～460 页

《马克思致恩格斯》

全文约 2400 字。马克思 1859 年 10 月 5 日写于伦敦。在
信中，马克思谈到由于《人民报》的账目混乱，出版商霍林格
尔为了《人民报》的一些欠款，要对自己提出诉讼。自己正想
办法应付。由于此事影响，也不能继续写《政治经济学批判》
一书。此书的第一分册仍在出售。自己也正给一批经过挑选的
工人讲授第一分册中的原理与内容，并得到了这些听众的欢
迎。在信中，马克思还向恩格斯介绍了小资产阶级流亡者中的
两个"大人物"施拉姆和布林德的有关情况，尖锐地批判了这
两个人的诽谤、欺骗等流氓行径。同时告诉了恩格斯自己让李
卜克内西给布林德写信的一些情况。

——《马克思恩格斯全集》第 29 卷第 468～472 页

《马克思致恩格斯》

全文约 540 字。马克思 1859 年 10 月 26 日写于伦敦。马
克思谈到敦克尔已明确表示同意出版《政治经济学批判》第二
分册。在信中，马克思告诉恩格斯关于《人民报》的事情。为
了避免金克尔等人使该报周围的全体人员在法庭上出现，自己

付出了大约 5 英镑避免了法庭的诉讼。同时还谈到自己给《总汇报》寄去了有关布林德的文件。

——《马克思恩格斯全集》第 29 卷第 474～475 页

《马克思致恩格斯》

全文约 3020 字。马克思 1859 年 11 月 19 日写于伦敦。马克思谈到科苏特在匈牙利人中的威信已有所下降，并指出弗莱里格拉特受到布林德的蒙骗和贝塔等人的影响而与自己产生的隔阂，做出了许多虚伪和暧昧的举动。但马克思又表明许多原因使自己"不能，也不应当"同弗莱里格拉特公开决裂。

——《马克思恩格斯全集》第 29 卷第 488～493 页

《马克思致恩格斯》

全文约 2210 字。马克思 1859 年 12 月 10 日写于伦敦。马克思谈到拉萨尔的情况，指出第一分册拖延出版等问题的原因"完全清楚了"，并谈到自己目前经济上的困难处境。此外，还把弗莱里格拉特的来信和自己的复信转抄给恩格斯，表示现在自己与弗莱里格拉特之间的关系很难说清楚。

——《马克思恩格斯全集》第 29 卷第 498～502 页

《马克思致恩格斯》

全文约 730 字。马克思 1859 年 12 月 13 日写于曼彻斯特。

马克思指出俄国的"运动发展得比欧洲其余各地都快",贵族反对沙皇的立宪运动和农民反对贵族的运动将使俄国投入到革命的潮流中去。同时,马克思还指出必须尽一切力量打击施梯伯,并谈到尤赫、艾希霍夫、敦克尔等人在这一行动中的活动。

——《马克思恩格斯全集》第 29 卷第 503～504 页

《马克思致恩格斯》

全文约 1600 字。马克思 1860 年 1 月 11 日左右写于伦敦。弗莱里格拉特 1 月 11 日的来信谈到了威廉·约瑟夫·赖夫的情况。马克思的这封信是在弗莱里格拉特来信的信纸上接着往下写的。信中对弗莱里格拉特及其来信作讽刺性评论。信中马克思还关注美国和俄国的奴隶运动及恩格斯的《工人阶级状况》出版后工人阶级的变化。对担任工厂视察员的莱昂·霍纳辞职一事,请恩格斯注意背后的阴谋。

——《马克思恩格斯全集》第 30 卷第 5～7 页

《马克思致恩格斯》

全文约 240 字。马克思 1860 年 1 月 25 日写于伦敦。小资产阶级庸俗民主主义者、波拿巴的代理人福格特在 1859 年 12 月出版了诽谤性的小册子《我对〈总汇报〉的诉讼》,企图以捏造的事实和纯粹的谎言来诋毁马克思及其领导下的无产阶级

144

革命活动。1860 年初，柏林《国民报》转载了福格特的诽谤性文章的内容。这封信中，马克思将得到的这方面消息告诉恩格斯，并就如何采取相应措施请恩格斯出主意。

——《马克思恩格斯全集》第 30 卷第 8 页

《马克思致恩格斯》

全文约 1800 字。马克思 1860 年 1 月 28 日写于伦敦。经过对形势的分析，马克思在信中指出，为了正在形成的无产阶级政党的利益，必须对福格特的诽谤进行反击。并就如何争取拉萨尔和费舍共同反击福格特一事和恩格斯进行商讨。另外，信中还介绍了费舍和乌尔卡尔特派的关系；建议恩格斯写一写萨瓦和尼斯对于法国的军事意义。

——《马克思恩格斯全集》第 30 卷第 11～13 页

《马克思致恩格斯》

全文约 1500 字。马克思 1860 年 2 月 3 日写于伦敦。马克思指出，小资产阶级民主主义者布林德曾发表匿名传单《警告》，揭露福格特是波拿巴的代理人。但是福格特却在《我对〈总汇报〉的诉讼》中将马克思说成是传单《警告》的作者，并诽谤马克思将布林德当成替罪羊。为了配合反击福格特，同时为了揭露小资产阶级民主派不敢同波拿巴的代理人进行公开斗争的怯懦行为，马克思力图迫使布林德承认他是传单《警告》的作者。这封信介绍了对布林德行动的情况。另外，经过对形势的分析，马克思告诉恩格斯，他准备对柏林《国民报》的诽谤提出控告。

——《马克思恩格斯全集》第 30 卷第 22～24 页

《马克思致恩格斯》

全文约 4900 字。马克思 1860 年 2 月 9 日写于伦敦。信中马克思劝告恩格斯尽快出版《萨瓦、尼斯与莱茵》。另外，还讲了如下情况：（1）准备以诽谤罪控告《每日电讯》。（2）收集了更多的有关福格特的材料。（3）对柏林《国民报》的诉讼材料已写好。（4）伦敦德意志工人教育协会全体一致通过了谴责福格特的决议。（5）已给布林德写了一封通告信。（6）维耶已向法官证实他给布林德作伪证的事情。但另一排字工人费格勒却因故尚未作证。信中还对拉萨尔和弗莱里格拉特的不合作表示不满。

——《马克思恩格斯全集》第 30 卷第 30～37 页

《马克思致恩格斯》

全文约 1000 字。马克思 1860 年 6 月 25 日写于伦敦。信中马克思请恩格斯为《论坛报》写一篇关于英国国防、加里波第或印度贸易的文章。为反击福格特，马克思还请恩格斯就波西米亚对德国或俄国的军事意义写一份材料。信中，马克思还从 1860 年出版的费奈迭的《为了保卫自己和祖国反对卡尔·福格特》中摘录了反映福格特怯懦本性的片段。

——《马克思恩格斯全集》第 30 卷第 69～71 页

《马克思致恩格斯》

全文约 500 字。马克思 1860 年 7 月 17 日写于伦敦。信中马克思告诉恩格斯，洛美尔寄出的装有福格特材料的包裹即将运到；国际工人运动和德国工人运动著名活动家、工人政论家埃卡留斯即将抵达伦敦。另外，普鲁士政府制定了一项延长服役期和增加军事预算的法案。于 1860 年 2 月 9 日提交议会审议，遭否决。信中请恩格斯就普鲁士军队改革或加里波第或诸如此类的事情写一篇文章。

——《马克思恩格斯全集》第 30 卷第 77～78 页

《马克思致恩格斯》

全文约 950 字。马克思 1860 年 12 月 5 日写于伦敦。信中马克思请恩格斯就对柏林《国民报》诉讼案写一篇注明发自柏林的通讯；就中国战争或波拿巴军队的装备等写一些东西。还谈到了弗莱里格拉特近来的表现以及各界对《福格特先生》的订购情况。

——《马克思恩格斯全集》第 30 卷 120～121 页

《马克思致恩格斯》

全文约 1300 字。马克思 1860 年 12 月 19 日写于伦敦。马克思在信中说，前议会议员、福格特的知己朋友戚美尔曼和政论家布赫尔都赞同《福格特先生》中的观点。他还赞扬达尔文的《根据自然选择的物种起源》，批评阿·巴斯提安的《人在历史中》，并通报了家人及拉萨尔的身体状况。

——《马克思恩格斯全集》第 30 卷第 129～131 页

《马克思致恩格斯》

全文约 2400 字。马克思 1860 年 12 月 26 日写于伦敦。马克思在信中介绍了各报对《福格特先生》的反应；叙述了识破小资产阶级民主主义者路德维希·西蒙和波拿巴主义者艾德门·阿布之间关系的经过。另外，1859 年席勒纪念活动期间，弗莱里格拉特大量印刷他的诗《为席勒纪念活动而作。1859 年 11 月 10 日。旅居伦敦的德国人的颂歌》滞销。在布林德的帮助下，终于"迫使伦敦席勒委员会支付印刷费"。信中叙述了该事经过。

——《马克思恩格斯全集》第 30 卷第 132～136 页

《马克思致恩格斯》

全文约 1300 字。马克思 1861 年 1 月 18 日写于伦敦。

1861 年 1 月 12 日，普鲁士威廉一世即位，颁布对政治流亡者的大赦。马克思在信中请恩格斯用英文给《泰晤士报》写一篇揭露大赦蛊惑性的批判性短文，并强调了几个要点。

——《马克思恩格斯全集》第 30 卷第 144～146 页

《马克思致恩格斯》

全文约 1000 字。马克思 1861 年 1 月 22 日写于伦敦。马克思在信中请恩格斯写一篇关于法国军备或其他方面的文章。另外，1861 年 1 月中，德国许多报刊发表文章，要求什列斯维希－霍尔施坦和奥地利与普鲁士一起加入未来德国。马克思请恩格斯就什列斯维希－霍尔施坦写一篇文章。

——《马克思恩格斯全集》第 30 卷第 146～147 页

《马克思致恩格斯》

全文约 600 字。马克思 1861 年 2 月 27 日写于伦敦。信中马克思介绍了自己去荷兰前的准备以及布林德近期的行为。另外，1849 年马克思离开科伦时，将一批藏书留在科伦丹尼尔斯处。1851 年丹尼尔斯被捕，书遭洗劫。1860 年，在济贝耳的帮助下，科伦藏书寄给马克思。信中介绍了科伦藏书的遗失情况，评论了阿庇安关于罗马内战的希腊文原本。

——《马克思恩格斯全集》第 30 卷第 158～160 页

《马克思致恩格斯》

全文约 2300 字。马克思 1861 年 6 月 19 日写于伦敦。
1860 年 9 月，英军上尉麦克唐纳在德国波恩被捕，以不服从
地方政权的罪名送交法庭审判。金克尔的拥护者、民族联盟伦
敦分部委员泽尔菲在金克尔策动下为麦克唐纳辩护。麦克唐纳
事件成了英政府加强反普鲁士宣传的借口。泽尔菲的言论在民
族联盟内部引起强烈不满。马克思在信中叙述了民族联盟会议
上的冲突，并评论了附上的拉萨尔的朋友和信徒哈茨费尔特
的信。

——《马克思恩格斯全集》第 30 卷第 176～179 页

《马克思致恩格斯》

全文约 3500 字。马克思 1861 年 7 月 5 日写于伦敦。信中
马克思告诉恩格斯，拉萨尔为帮助马克思恢复普鲁士国籍而作
的努力没有结果。信中指出英国报刊对美国南部各州脱离联邦
作了歪曲的报道，并摘录了美国报刊对该问题的报道。介绍了
南部各州反抗脱离的活动。

——《马克思恩格斯全集》第 30 卷第 185～190 页

《马克思致恩格斯》

全文约 3000 字。马克思 1862 年 3 月 6 日写于伦敦。信中

马克思回答了恩格斯有关俄国在亚洲推进的疑问。具体分析了当时英国外贸现状。还就美国内战的前景作了一些预测。另外，1861 年 12 月开始，英、法和西班牙武装干涉墨西哥。信中摘录了英驻墨西哥特派员魏克和墨西哥外长萨马科纳的几段对答。揭露英国政府的粗暴无耻。

——《马克思恩格斯全集》第 30 卷第 222～226 页

《马克思致恩格斯》

全文约 1100 字。马克思 1862 年 5 月 6 日写于伦敦。1862 年 4 月，许多法国报纸登载以匈牙利革命流亡者名义发表的关于流亡者领导之间分歧的声明。4 月 15 日，席利将这些材料从巴黎寄给马克思。另外，由于干涉国之间的矛盾，英国和西班牙相继从墨西哥撤军。信中就《论坛报》立场的转变、法国继续干涉墨西哥的原因发表评论，并附上了席利寄来的材料。

——《马克思恩格斯全集》第 30 卷第 236～237 页

《马克思致恩格斯》

全文约 1500 字。马克思 1862 年 5 月 27 日写于伦敦。美国内战期间的 1862 年 5 月 11 日，为避免被北军军舰捕获，曾立下战功的叛军装甲舰"梅里马克号"自沉。马克思在信中就"梅里马克号"事件发表评论，并解释了美国北部没有发生通货膨胀的原因。信中还介绍了约翰·雅科布·克莱因及西蒙·

弗朗斯瓦·贝尔纳的情况。

——《马克思恩格斯全集》第 30 卷第 244～246 页

《马克思致恩格斯》

全文约 4670 字。马克思 1864 年 11 月 14 日写于伦敦。1864 年 8 月 31 日拉萨尔因决斗受伤而死。马克思将海尔维格夫人有关此事的记述寄给恩格斯，同时信中还揭露了引起决斗的原因。此外，马克思介绍了国际工人协会成立的经过和英法代表的情况。他起草的《告工人阶级书》获得了一致通过。这是一份记述国际工人协会的重要文件。

——《马克思恩格斯全集》第 31 卷第 9～18 页

《马克思致恩格斯》

全文约 1000 字。马克思 1864 年 11 月 25 日写于伦敦。1864 年 11 月 17 日卡·布林德在《观察家报》上发表匿名信自我吹嘘，企图推翻马克思在《福格特先生》中对他的批判。马克思在信中揭露了布林德的可耻行径，并说明了进一步批判他的具体计划。

——《马克思恩格斯全集》第 31 卷第 32～34 页

《马克思致恩格斯》

全文约 1450 字。马克思 1864 年 12 月 2 日写于伦敦。当时林肯再度当选为总统，马克思起草了常务委员会一致赞同的《致美国总统阿拍拉罕·林肯》的公开信。马克思向恩格斯说明了写信时的一些想法。信中还对几家报纸发表了评论，表明马克思十分重视报纸的宣传作用。

——《马克思恩格斯全集》第 31 卷第 34～37 页

《马克思致恩格斯》

全文约 2900 字。马克思 1864 年 12 月 10 日写于伦敦。马克思十分关注棉荒事件，要求恩格斯帮助收集材料，揭露曼彻斯特济贫所发表的要求降低救济的报告的实质。马克思还介绍了国际工人协会的活动日程，对协会领导人作出了分析和评价。

——《马克思恩格斯全集》第 31 卷第 39～42 页

《马克思致恩格斯》

全文约 1400 字。马克思 1865 年 1 月 30 日写于伦敦。当时德国工人中弥漫着拉萨尔主义的思潮。《社会民主党人报》在其中起了很大的推动作用。马克思在批判这种错误的同时，还揭露了拉萨尔将工人政党出卖给俾斯麦的行径。

——《马克思恩格斯全集》第 31 卷第 49～51 页

《马克思致恩格斯》

全文约 2100 字。马克思 1865 年 2 月 1 日写于伦敦。1865 年 1 月 30 日，威·施特龙在信中和马克思讨论了《资本论》的出版问题。马克思就此向恩格斯征求意见。信中马克思还提出了对资产阶级激进分子既联合又斗争的原则。至于波兰问题，马克思认为关键在于农民起义。

——《马克思恩格斯全集》第 31 卷第 51～54 页

《马克思致恩格斯》

全文约 810 字。马克思 1865 年 2 月 6 日写于伦敦。马克思因《社会民主党人报》宣扬拉萨尔主义而写《致〈社会民主党人报〉编辑部的声明》，决定与他们决裂，并将声明附寄给恩格斯。但马克思因该报的调子有所改变而没有发表这份声明，他认为与他们决裂的时间还未到。

——《马克思恩格斯全集》第 31 卷第 60～62 页

《马克思致恩格斯》

全文约 1000 字。马克思 1865 年 2 月 11 日写于伦敦。马克思对《普鲁士军事问题和德国工人政党》赞扬的同时提出两点修改意见：一是行文中应消除丝毫类似拉萨尔口号的文字；二是用"资产者宁愿要用奴役换取的平静，而不愿看到哪怕只是争取自由的斗争的前景"来概括 1848～1849 年的运动的失败，以便更清晰地揭示资产者的特征。

——《马克思恩格斯全集》第 31 卷第 68～70 页

《马克思致恩格斯》

全文约 2520 字。马克思 1865 年 2 月 13 日写于伦敦。拉萨尔的影响使国际工人协会在德国一直处于不利地位。马克思在信中强调只要不消除拉萨尔的影响，国际工人协会在德国就没有地位；同时他还强调了协会组织建设问题。

——《马克思恩格斯全集》第 31 卷第 71～75 页

《马克思致恩格斯》

全文约 450 字。马克思 1865 年 2 月 16 日写于伦敦。国际工人协会的成长壮大一直受到马克思的关注。他在信中向恩格斯交代了发放协会会员证的具体事宜。马克思还对普鲁士议院通过反对联合法的提案表示高兴。

——《马克思恩格斯全集》第 31 卷第 75 页

《马克思致恩格斯》

全文约 2270 字。马克思 1865 年 2 月 18 日写于伦敦。1865 年 2 月 16—17 日李卜克内西把退出《社会民主党人报》告诉马克思。马克思在信中将此事告知恩格斯，同时指出施韦泽继续效忠俾斯麦的行径不可救药。马克思还表示马上与他决裂，并就有关此事的声明向恩格斯征求意见。

——《马克思恩格斯全集》第 31 卷第 76～79 页

《马克思致恩格斯》

全文约 600 字。马克思 1865 年 3 月 10 日写于伦敦。在马克思、恩格斯与《社会民主党人报》决裂的声明刊出后不久，海尔维格和吕斯托夫又发表不给该报撰稿的声明。但施韦泽在声明后加上后记，歪曲马克思、恩格斯停止撰稿的原因，这封信揭露了施韦泽的卑劣行径。

——《马克思恩格斯全集》第 31 卷第 96 页

《马克思致恩格斯》

全文约 2500 字。马克思 1865 年 3 月 13 日写于伦敦。马克思、恩格斯与施韦泽的斗争并未因与他的报纸决裂而结束。马克思在信中提出一个利用施韦泽的信件戳穿他的谎言的方案，并就此向恩格斯征求意见。此外信中还详细说明了国际工人协会的活动情况。

——《马克思恩格斯全集》第 31 卷第 100～103 页

《马克思致恩格斯》

全文约 2520 字。马克思 1868 年 1 月 8 日写于伦敦。信中马克思认为杜林是因恼恨罗雪尔才评论《资本论》的；分析了杜林所没觉察到的《资本论》中的三个崭新的因素。谈了许多对李卜克内西的不满；谈到法国政府把国际协会当作"非法社团"加以迫害；称赞恩格斯在战术上（塞瓦斯托波尔事件）与战略问题上（普奥战争）都表现为一个预言家。

——《马克思恩格斯全集》第 32 卷第 11～15 页

《马克思致恩格斯》

全文约 1380 字。马克思写于 1868 年 1 月 11 日。信中马克思讲了戈克在伦敦参加了克里默和奥哲尔建立的伦敦委员会以反对国际工人协会；挖苦了杜林；说感到高兴，国际工人协会巴黎委员会被法国政府指控为非法团体，他们不能讨论为 1868 年代表大会准备好的议程了。

——《马克思恩格斯全集》第 32 卷第 17～19 页

《马克思致恩格斯》

全文约 1400 字。马克思写于 1868 年 1 月 16 日。信中马克思分析了 1866 年普奥战争在 7 月 28 日左右的战局形势及可能的转机；就克吕泽烈疯狂的民军计划指出：美国内战已证明，民军组织只是一纸空文，只有以共产主义方式建立起来的有教养的社会才能接近民军制度。

——《马克思恩格斯全集》第 32 卷第 20～22 页

《马克思致恩格斯》

全文约 1650 字。马克思写于 1868 年 3 月 14 日。信中马克思说自己提出的欧洲各地的亚细亚的或印度的所有制形式都是原始形式观点，在毛勒的著作中再次得到证实；称罗伊舍为浪荡公子；认为毛勒关于"日耳曼"所有制等的历史和发展的观点的转变来自丹麦人，对克尔特人一无所知；信中还谈了自己面临的经济困境。

——《马克思恩格斯全集》第 32 卷第 42～45 页

《马克思致恩格斯》

全文约 2000 字。马克思写于 1868 年 3 月 25 日。信中马克思称赞毛勒的书使原始时代、后来的帝国自由市、享有特权的地主、国家权力以及自由农民和农奴之间斗争的全部发展都获得了崭新的说明。讨论了古日耳曼人的生活方式；谈到弗腊斯的《各个时代的气候和植物界，二者的历史》，认为他具有不自觉的社会主义倾向。

——《马克思恩格斯全集》第 32 卷第 51～54 页

《马克思致恩格斯》

全文约 930 字。马克思写于 1868 年 7 月 7 日。马克思在信中讲了孩子们的情况及被逼债的情形；谈到皮阿鼓吹刺杀拿破仑三世的演讲，并被韦济尼埃说成是国际的领导人，布鲁塞尔委员会谴责了这种不负责任的做法；马克思认为：皮阿正好为诋毁国际者所利用，如果法国人支部再不停止此类活动就把他们赶出国际。

——《马克思恩格斯全集》第 32 卷第 109～110 页

《马克思致恩格斯》

全文约 1540 字。马克思写于 1868 年 7 月 11 日。在信中，马克思指出巴师夏的理论是商品价值不是取决于它所消耗的劳动量而是取决于它为购买者节省的劳动量，进而揭露：这种观点是从重农主义派加尔涅与重商主义者加尼耳两人追随者论战中抄来的，而那两种观点丝毫没有一点关于价值的概念。

——《马克思恩格斯全集》第 32 卷第 112～115 页

《马克思致恩格斯》

全文约 1260 字。马克思写于 1868 年 7 月 29 日。马克思在信中提及收到了倍倍尔寄来的邀请书，保证加入国际接受国际纲领；接到奥地利工人的团结庆祝会的邀请书；认为李卜克内西在工人中影响减小而施韦泽影响在增加，作为总委员会应该从策略出发保持中立；对自己的传记向作者恩格斯提了几点建议。

——《马克思恩格斯全集》第 32 卷第 120～122 页

《马克思致恩格斯》

全文约 1130 字。马克思写于 1868 年 8 月 4 日。信中马克思提及《未来报》赞扬了资本论;谈了法国人支部对总委员会的攻击及其分裂;讲了自己的计划:将总委员会迁到日内瓦,自己在伦敦为英国委员会工作,用以表明"我们绝不是舍不得这种令人喜欢的独裁"。

——《马克思恩格斯全集》第 32 卷第 123～125 页

《马克思致恩格斯》

全文约 1100 字。马克思写于 1868 年 9 月 26 日。马克思在信中认为小铺老板"饱受体面的束缚之苦"而缺乏优秀工人所固有的自尊心;认为工联的当权者终于达成一致;认为施韦泽的"热情的、兄弟般的"来信是怕公开支持李卜克内西;认为德国这个用官僚主义方式严格训练出来的民族,首先得读完"自助"的全部课程;分析了施韦泽的两难处境。

——《马克思恩格斯全集》第 32 卷第 156～158 页

《马克思致恩格斯》

全文约 1400 字。马克思写于 1868 年 10 月 10 日。马克思在信中告诉恩格斯,他将写信告之李卜克内西,自己的干预只会加强拉萨尔派;并称将开诚布公地告诉施韦泽,必须在阶级和宗派之间选择；信中他还谈了对爱尔兰资料的新发现，并指出：只有抛开相互矛盾的教条而去观察其后各种矛盾的事实和实际的对抗，才能把政治经济学变成一种实证科学。

　　——《马克思恩格斯全集》第 32 卷第 168～170 页

《马克思致恩格斯》

　　全文约 1000 字。马克思写于 1869 年 10 月 30 日。马克思在信中称巴枯宁是"无政府主义的集体主义"的代表；认为李卜克内西回答攻击时愚蠢而软弱；指出土地和劳动者同盟是巴塞尔代表大会的结果之一，它将使工人政党完全脱离资产阶级。

　　——《马克思恩格斯全集》第 32 卷第 360～361 页

《马克思致恩格斯》

　　全文约 1500 字。马克思写于 1869 年 11 月 18 日。信中马克思分析了《蜂房》未刊载最近一次总委员会会议报道的真正原因；谈了总委员会关于不列颠政府对爱尔兰人大赦问题的决议案；并询问如何对付侯里欧克出席下次代表大会的问题。

　　——《马克思恩格斯全集》第 32 卷第 372～375 页

《马克思致恩格斯》

　　全文约 3120 字。马克思写于 1869 年 11 月 26 日。在马克思给恩格斯的信中讨论了李嘉图及凯里关于地租产生的理论，进而指出：实际上肥沃程度不同的各种土地是同时被耕种的，投入土地的资本的利息成为级差地租的组成部分，是因土地所有者得到租佃者投到土地上去的资本的利息。信中还讲述了星期二总委员会会议的情况。

——《马克思恩格斯全集》第 32 卷第 383～388 页

《马克思致恩格斯》

全文约 1260 字。马克思写于 1869 年 12 月 4 日。信中马克思讲述了总委员会会议上的争论及一些报刊对此的态度；谈到给工联代表阿普耳加思撰文，论述土地私有制及其废除的必要性；认为邦霍尔斯特是一名政治冒险家。

——《马克思恩格斯全集》第 32 卷第 390～392 页

《马克思致恩格斯》

全文约 1170 字。马克思写于 1870 年 2 月 12 日。马克思在信中赞同恩格斯对 1866 年问题的论述；表示要和李卜克内西谈他的马虎作风；同意恩格斯对法国激进报刊的评价；提及小燕妮听到的传闻：布莱特在城里由精神病医师监护；谈了《俄国工人阶级的状况》一书的观点；谈了对安斯的不满。

——《马克思恩格斯全集》第 32 卷第 426～429 页

《马克思致恩格斯》

　　全文约 1200 字。马克思写于 1870 年 2 月 19 日。信中马克思讲到波克罕的情况；谈了卡特柯夫在《莫斯科新闻》上对巴枯宁的指责；认为在驱逐巴枯宁分子时应避免发生不当；分析了奥哲尔选举丑闻的双重好处。

——《马克思恩格斯全集》第 32 卷第 433～435 页

《马克思致恩格斯》

　　全文约 2850 字。马克思写于 1870 年 4 月 14 日。信中马克思叙述了身体欠佳的原因；谈到《未来报》在丧失影响，介绍了巴枯宁分子与罗曼语区委员会的斗争；分析了《爱尔兰大地主和租佃者的权利。济贫法视察员报告。1870 年》中反映出的问题；述说了杜邦因自己的发明创造而被一脚踢开的事。

——《马克思恩格斯全集》第 32 卷第 459～463 页

《马克思致恩格斯》

　　全文约 2700 字。马克思写于 1870 年 5 月 7 日。在信中马克思依据英国法律，论证了法国不可能将弗路朗斯从英国引渡的情况；叙述了巴枯宁分子罗班的阴谋破产的前后；希望恩格斯提供所知的沙佩尔的生平事迹以便为他写篇悼念文章。

——《马克思恩格斯全集》第 32 卷第 480～484 页

《马克思致恩格斯》

　　全文约 1600 字。马克思 1870 年 7 月 20 日写于伦敦。这封给身处曼彻斯特的恩格斯的信中，附有库格曼于 7 月 18 日写给马克思的信，并肯定了库格曼对 1866 年以来普法关系的分析以及他对不伦瑞克大会呼吁书的批判。马克思还在信中分析了普法战争对西欧工人运动的影响，认为，如果普鲁士在普法战争中取胜，那么国家权利的集中将有利于德国工人阶级的集中。"此外，如果德国人占优势，那么，西欧工人运动的重心将从法国移到德国。"附带地，马克思还谈到了外界对《资本论》的评论，《派尔－麦尔新闻》报的约稿，及国际总委员会同巴枯宁派的斗争以及马克思本人的情况。

——《马克思恩格斯全集》第 33 卷第 5～8 页

《马克思致恩格斯》

　　全文约 1300 字。马克思 1870 年 7 月 28 日写于伦敦。这是马克思对恩格斯 7 月 22 日来信的复信。马克思在信中告诉恩格斯已将他寄来的《战争短评（一）》寄给了《派尔－麦尔新闻》。马克思在信中还评论了法德两国资产阶级各自为本国战争摇旗呐喊的情况指出，由于法德两国国内的阶级斗争非常激烈，"以致任何对外的战争都不能真正使历史的车轮倒退"。信中揭露了英、法、德等国为各自的利益，相互利用、尔虞我诈的无耻行径。马克思把国际俄国支部委员会有关该支部同巴枯宁进行斗争及其他情况而给马克思的信寄给恩格斯，并请他于 8 月 1 日归还。此外，马克思还就德国侨民欧·奥斯渥特在伦敦的反战活动谈了自己的看法。

——《马克思恩格斯全集》第 33 卷第 11～14 页

《马克思致恩格斯》

全文约 1200 字。马克思 1870 年 8 月 1 日写于伦敦。该信是马克思对恩格斯 7 月 31 日来信的回信。马克思在信中赞扬了恩格斯为《派尔－麦尔新闻》所写的文章并告诉恩格斯以后可将文章直接寄给该报而不用马克思代转。针对国际俄国支部中巴枯宁的分裂活动，马克思表示将予以反击。信中揭露了英国资产阶级为了自己的利益而对普鲁士卑躬屈膝的行为；对于自己没有在由德法一些民主主义者侨民所起草的反普法战争的宣言上签名一事作了解释。

——《马克思恩格斯全集》第 33 卷第 21～24 页

《马克思致恩格斯》

全文约 2100 字。马克思 1870 年 8 月 3 日写于伦敦。马克思在这封信中说明了奥斯渥特让他在反普法战争的宣言上签字的情况并表明了自己的态度；马克思告诉恩格斯《派尔－麦尔新闻》已将恩格斯第一篇文章的稿费寄到马克思那里并被马克思的两个女儿使用，顺便谈了该报的优点。马克思还在信中说明，为粉碎巴枯宁准备于 9 月 5 日在阿姆斯特丹召开代表大会的阴谋，马克思建议各国支部，在法德两国代表因战争不能出席会议的情况下，授予总委员会两项权力：（1）推迟代表大会；（2）授权总委员会在它认为适当的时候召开代表大会。结果建议被通过。

——《马克思恩格斯全集》第 33 卷第 26～30 页

《马克思致恩格斯》

全文约 1700 字。马克思 1870 年 8 月 8 日写于伦敦。马克思在信中告诉恩格斯他于 8 月 9 日要去兰兹格特休养；他谈了德意志帝国的建立在俄国引起的反应，分析了帝国建立在德俄外交上所能引起的变化；马克思对混乱的法国形势表示担心，谴责了波拿巴及其政府军队的腐朽无能。在信中，马克思还告诉恩格斯，在坚持原则的前提下，他自己并代替恩格斯在奥斯渥特的宣言上签了名；马克思还为恩格斯写《爱尔兰史》一书提供了材料。

——《马克思恩格斯全集》第 33 卷第 32～35 页

《马克思致恩格斯》

全文约 1000 字。马克思 1870 年 8 月 17 日写于兰兹格特。马克思在信中告诉恩格斯，他们对普法战争的性质以及德国党应采取的立场的看法是一致的，并说明威廉·李卜克内西同马克思的一致性。马克思在信中反对兼并亚尔萨斯和洛林，认为这是欧洲尤其是德国所能遭遇的最大不幸；信中批评了德国党领导人在看问题时缺少辩证法思想。

——《马克思恩格斯全集》第 33 卷第 45～47 页

《马克思致恩格斯》

全文约 900 字。马克思 1870 年 9 月 2 日写于伦敦。马克思在信中告诉恩格斯他已达伦敦，并收到《派尔－麦尔新闻》寄来的恩格斯的稿酬；建议恩格斯为该报写下一篇文章并概述自己的《战争短评》。马克思还从不同角度就当时的法德问题提出了评论意见，他认为俄国没有积极干预普法战争。马克思在信中还谈了其他一些问题。

——《马克思恩格斯全集》第 33 卷第 51～53 页

《马克思致恩格斯》

全文约 600 字。马克思 1870 年 9 月 6 日写于伦敦。马克思在信中告诉恩格斯赛拉叶要去巴黎安排一下那里的国际事务，马克思认为在整个法国人支部前往巴黎"干蠢事"的情况下，这是有必要的。马克思请恩格斯尽快寄来有关阿尔萨斯和洛林问题的必要的英文军事述评，以便起草《国际工人协会总委员会关于普法战争的第二篇宣言》；信中还谈了法兰西共和国宣告成立，并就共和国的几个成员作了评论。

——《马克思恩格斯全集》第 33 卷第 56～58 页

《马克思致恩格斯》

全文约 850 字。马克思 1870 年 9 月 10 日写于伦敦。马克思在信中批评了不伦瑞克委员会几乎一字不差地刊印了当时不宜发表的马克思和恩格斯的《给社会民主工党委员会的信》；信中还谈到马克思发动工人进行活动以迫使英国政府承认法兰西共和国；马克思告诉恩格斯他已将《国际工人协会总委员会关于普法战争的第二篇宣言》写好；他同意杜邦的观点并委托赛拉叶写信给他，要杜邦暂时不要离开曼彻斯特。

——《马克思恩格斯全集》第 33 卷第 61～63 页

《马克思致恩格斯》

全文约 800 字。马克思于 1870 年 9 月 14 日写于伦敦。马克思随信寄给恩格斯 12 份《国际工人协会总委会关于普法战争的第二篇宣言》，并附有赛拉叶给马克思的信；马克思在信中就德国当局逮捕德国社会民主工党委员会委员一事发表了看法，辩证地认为，"只有国家的直接迫害，才能激起工人阶级的怒火。"马克思还就法兰西成立共和国在英国的反响加以评论，并讽刺了德国首相俾斯麦。马克思还谈了工人以及国际总委员会在伦敦的活动。

——《马克思恩格斯全集》第 33 卷第 67～69 页

《马克思致恩格斯》

全文约 150 字。马克思 1870 年 9 月 16 日写于伦敦。该信是马克思和在曼彻斯特的恩格斯之间长期通信中的最后一封。恩格斯于 1870 年 9 月 20 日从曼彻斯特迁往伦敦,住在离马克思家不远的地方。在信中,马克思随信寄去了带有沙文主义倾向的国际马赛支部的宣言和信,并请恩格斯以总委员会名义告诉杜邦,让他答复马赛支部并驳斥他们;同时寄给马赛支部《国际工人协会总委员会关于普法战争的第二篇宣言》。马克思还谈到除《旁观者》和《派尔-麦尔新闻》以外,所有伦敦的报纸都竭力冷落宣言。

————《马克思恩格斯全集》第 33 卷第 69～70 页

《马克思致恩格斯》

全文约 300 字。马克思 1871 年 8 月 19 日写于布莱顿。信中马克思请恩格斯将马克思寄给他的《致〈舆论〉周报编辑》寄给《舆论》周报,并说明等他回到伦敦后,再回答《国民报》的诽谤。马克思谈了自己的状况,并说明在回到伦敦后,要以总委员会的名义,公开宣布对以国际名义从事密谋活动的涅恰也夫不予承认。

————《马克思恩格斯全集》第 33 卷第 72～73 页

《马克思致恩格斯》

　　全文约 1500 字。马克思 1873 年 5 月 31 日写于曼彻斯特。这封信是马克思对恩格斯 5 月 30 日来信的回信。信中肯定了恩格斯关于自然辩证法的思想，但由于没有认真思考，而没有发表自己的见解，这体现了马克思的科学态度。马克思由于用数学方式研究价格、贴现率等变动的曲线来揭示经济危机的主要规律时遇到困难，只好暂且放下。马克思还分析了法国的各派力量，并指出：保皇党多数派虽占优势，并想复辟君主制，但因这一做法违背人民意愿而不能成功。同时反对任何暴力的灾难。最后告诉恩格斯，肖莱马基本上同意他关于自然辩证法的思想。

　　　　　　　——《马克思恩格斯全集》第 33 卷第 86～89 页

《马克思致恩格斯》

　　全文约 200 字。马克思 1873 年 9 月 9 日写于伦敦。由于恩格斯没有收到《社会主义民主同盟和国际工人协会》一书，马克思把家中的 12 本寄去，并附上赫普纳同意恩格斯建议，不去参加日内瓦代表大会的信。马克思在信中还告诉恩格斯，目的是反对国际海牙代表大会关于组织问题的某些决议的呼吁书，这一呼吁书是巴枯宁分子写的。

　　　　　　　——《马克思恩格斯全集》第 33 卷第 97 页

《马克思致恩格斯》

全文约 1200 字，马克思 1874 年 7 月 15 日写于赖德。1874 年 7 月中旬，马克思到赖德休养，这封信记述了马克思在疗养过程中的有关见闻。信中谈到当地居民信教之风极为盛行，贫穷使他们在教会中寻求乐趣。马克思在信中分析了俄国在萨克森的胜利，促使俄国去限制英国在海上的优势，但以失败而告终。信中指出俾斯麦被刺所表明的德国国内矛盾的尖锐。信中还告诉恩格斯，法国麦克马洪想尽一切办法来保证专制，但历史的发展将不以个人意志为转移。

           ——《马克思恩格斯全集》第 33 卷第 110～112 页

《马克思致恩格斯》

全文约 1800 字。马克思 1876 年 5 月 25 日写于伦敦。马克思在信中赞成应对杜林之流亮明态度的想法，并提出自己的意见，即对它必须给予彻底批判，否则它的平庸思想在党内传播开来会造成更大的危害。

           ——《马克思恩格斯全集》第 34 卷第 15～18 页

《马克思致恩格斯》

全文约 1700 字。马克思 1876 年 7 月 26 日写于伦敦。马克思请恩格斯注意，报上刊登了关于巴枯宁葬礼的颂扬文章，把巴枯宁描绘为革命的"巨人"。关于合并问题，李卜克内西发表声明，支持两个国际的联合。马克思也提请恩格斯注意这一问题。

——《马克思恩格斯全集》第 34 卷第 22～24 页

《马克思致恩格斯》

全文约 700 字。马克思 1877 年 3 月 3 日写于伦敦。马克思要恩格斯将意大利工人联合会正式同巴枯宁主义断绝关系的消息告诉李卜克内西。信中还讲到拉甫罗夫称赞恩格斯批判杜林的文章，但觉得对杜林太温和了。

——《马克思恩格斯全集》第 34 卷第 36～37 页

《马克思致恩格斯》

全文约 1800 字。马克思 1877 年 3 月 7 日写于伦敦。马克思在信中对他批判杜林文章中涉及休谟"劳动价格"和重农学派一些观点作了补充说明。并告诉恩格斯，批判杜林时可以引用《资本论》法文版中关于重农学派《经济表》的分析以及对"生产劳动"的定义的有关内容。

——《马克思恩格斯全集》第 34 卷第 40～42 页

《马克思致恩格斯》

全文约 2000 字。马克思 1877 年 8 月 1 日写于伦敦。谈到土耳其问题时，马克思说，一切君主专制的痼疾是它的主要祸害。马克思还就考夫曼《价格波动论》所抓住的一切庸俗经济学的特征进行了评述。他说，斯密的价值论只是他思想中的偶然表现；而李嘉图则是用同他的价值理论显然矛盾的经济事实来证明其价值理论的正确性。

——《马克思恩格斯全集》第 34 卷第 64～67 页

《马克思致恩格斯》

全文约 1800 字。马克思 1878 年 9 月 18 日写于伦敦。马克思引用报纸上的话说，俾斯麦在辩论会上看来是失败了；马克思还批评了阿萨姆在著作中对《资本论》的非常糟糕的引用。

——《马克思恩格斯全集》第 34 卷第 80～82 页

《马克思致恩格斯》

全文约 1200 字。马克思 1879 年 9 月 10 日写于兰兹格特。马克思完全同意恩格斯上封信中的意见，即不能再浪费时间，要对党的领导人尖锐地、毫不客气地亮明观点；并说，如果他们如此对待党的机关报，就宣布不承认他们。马克思对俄国形势的变化，寄希望于俄国国内运动的发展。

——《马克思恩格斯全集》第 34 卷第 104～106 页

《马克思致恩格斯》

全文约 1500 字。马克思 1881 年 8 月 9 日写于阿尔让台。马克思在信中分析了要提前举行的法国众议院选举,说在这种情况下,那些掌握着无数"阵地"的骗子手们——那些能分配政府机构职位和支配"国库"等的人将取得优势。

——《马克思恩格斯全集》第 35 卷第 14～17 页

《马克思致恩格斯》

全文约 1000 字。马克思 1882 年 1 月 5 日写于文特诺尔。马克思随女儿到英国南海岸疗养,希望能重新恢复工作能力。养病期间关注着英国当时的社会动向;通过狄慈根的来信,马克思感觉到,狄慈根倒退了,回到了黑格尔《精神现象学》那里,并认为这件事情是不可挽救的。

——《马克思恩格斯全集》第 35 卷第 27～29 页

《马克思致恩格斯》

全文约 3000 字。马克思 1882 年 8 月 3 日写于阿尔让台。马克思说,由于几次病情危急,他很想见到恩格斯。他还在阿尔让台会见了法国党领导人。马克思在读完意大利经济学家洛里亚的《地租和地租的自然消失》后评论说,他的小土地所有制的标准理想是一种幻想,而就是这个人还证明《资本论》已经过时，这使得马克思感到"好玩"。谈到梅林和希尔施曾对他和恩格斯进行过攻击时，马克思说，对涉及他的争论，最好保持沉默，不然会受到工人的误解。

——《马克思恩格斯全集》第 35 卷第 73～77 页